Warren Wiersbe

**Gott kennt keine Eile**

... und andere Impulse für ein ausgeglichenes Leben

Warren W. Wiersbe

# GOTT KENNT KEINE EILE

... und andere Impulse für ein ausgeglichenes Leben

Warren Wiersbe
**Gott kennt keine Eile**
... und andere Impulse für ein ausgeglichenes Leben

Bestell-Nr. 271.055
ISBN 978-3-86353-055-6



Soweit nicht anders vermerkt,
wurde die folgende Bibelübersetzung verwendet:
Revidierte Elberfelder Bibel © 1985/1991/2008 SCM R.Brockhaus
im SCM-Verlag GmbH & Co. KG, Witten

1. überarbeitete Auflage
© 2014 Christliche Verlagsgesellschaft, Dillenburg
www.cv-dillenburg.de
Ursprünglich auf Deutsch erschienen im Francke Verlag
Übersetzung: Ingo Rothkirch
Satz: Christliche Verlagsgesellschaft Dillenburg
Umschlaggestaltung: Christoph Ziegeler
www.pixelkraft.de
Motive an Kapitelanfängen: © grmarc/Shutterstock
Druck: GGP Media GmbH, Pößneck
Printed in Germany

# Inhalt

# 1

# Gott kennt keine Eile

Obwohl ich ziemlich abgespannt war von meiner langen Flugreise, musste ich laut lachen, als ich den Spruch las, den jemand an das schwarze Brett meiner Unterkunft geheftet hatte: „Herr, schenke mir Geduld – aber wenn es geht, bitte sofort."

Es ist eine der ersten Erfahrungen, die wir im Leben machen: Wir müssen Geduld lernen. Ein Kind, das nicht die Fähigkeit erwirbt, geduldig zu warten, wird es schwer haben, überhaupt etwas zu lernen. Wie viel Geduld müssen wir aufbringen, wenn wir uns mit dem Schreiben und Lesen abmühen oder versuchen, lange Zahlenkolonnen zu addieren. Selbst das Wachstum ist eine Geduldsprobe. Es war Gottes Absicht, dass unsere Reife ein ziemlich langwieriger Prozess ist. Es ist kein Vorgang, bei dem wir mit schnellen Ergebnissen rechnen können, und das ist gut so. So haben wir nämlich Zeit, uns nach und nach ans Erwachsensein zu gewöhnen.

Ungeduld ist meistens ein Zeichen von Unreife. Diese Meinung vertrat jedenfalls Jakobus: „Das Ausharren aber soll ein vollkommenes Werk haben, damit ihr vollkommen und vollendet seid und in nichts Mangel habt" (Jakobus 1,4). Kleine Kinder meinen schon, beim ersten Ampelstopp am Ziel zu sein. Und ein paar Minuten im Wartezimmer werden schnell zur

Qual. In Schottland fragte ich einmal einen Jungen, wie lange er denn noch zur Schule gehen müsse. Er antwortete: „Ich weiß nicht. Ich bin froh, wenn ich die nächste Woche überstanden habe." Auch Erwachsene sind nicht frei von Ungeduld. Abraham war es irgendwann leid, noch länger auf den verheißenen Sohn zu hoffen. Deshalb nahm er sich überstürzt eine weitere Frau: Hagar. Und sie gebar ihm Ismael.

Mose verlor die Geduld und tötete einen Mann. Das brachte ihm 40 Jahre „Lebensschule" auf den dürren Weiden von Midian ein. Jahre später verlor Mose noch einmal die Geduld. Er schlug entgegen Gottes Weisung auf den Felsen und verspielte damit seinen eigenen Einzug ins Gelobte Land.

„Seid nicht wie ein Ross, wie ein Maultier", heißt es in Psalm 32,9. Diese Warnung ist berechtigt. Das Maultier ist bockig und neigt zum Scheuen. Das Pferd ist unruhig und möchte immer schon weiter sein, als es ist. Wir sind in unserer Persönlichkeit sehr verschieden. Aber ein Problem haben wir alle: Es fällt uns schwer, auf Gott zu warten.

Das kommt vor allem daher, dass wir im Sehen statt im Glauben wandeln. Gott macht uns mit seinem Wort immer wieder darauf aufmerksam, dass er sich für uns einsetzt. Wir aber wollen schnell sichtbare Beweise dafür. Während die Israeliten nach dem Auszug aus Ägypten durch die Wüste wanderten, meinten sie, dass Gott sie verlassen habe. Das aber führte sie geradewegs ins Verderben. Hören Sie nur den Wind! Und sehen Sie die finsteren Wolken! Doch Gott wirkte im Wind und in den Wolken für sein Volk. „Das alles kommt über mich!", rief Jakob entsetzt (1. Mose 42,36), doch in Wahrheit entwickelte sich alles zu seinen Gunsten.

Es war F. B. Meyer, wie ich meine, der gesagt hat: „Auch wenn Gott spät kommt, so vergisst er uns doch nie." Manchmal bereitet uns Gott gerade durch sein Schweigen auf große Dinge vor. Gott setzt sich ständig für das Wohlergehen seines Volkes ein. Und er nutzt dabei „alle Dinge" (Römer 8,28). Es können also durchaus auch Ereignisse und Umstände sein, die uns erschrecken oder uns sogar Leid bescheren. Gott kann uns ja nur dadurch Geduld lehren, dass er uns auf die Probe stellt. Und wir entwickeln die Fähigkeit zum Ausharren, indem wir uns dem ergeben und Gott gewähren lassen.

Einen Pilz lässt Gott über Nacht wachsen, aber einer Eiche oder einem Mammutbaum gibt er dazu viel Zeit. 13 Jahre ließ er verstreichen, bis Josef so weit war, den Posten des Kämmerers in Ägypten zu bekleiden. Ganze 80 Jahre gingen ins Land, bis Mose seinen 40-jährigen Dienst für den Herrn antreten konnte. David war ein junger Mann, als Samuel ihn zum König über Israel salbte. Doch er musste warten und noch viel leiden, bevor er tatsächlich den Thron besteigen konnte. Gerade das kommt uns jetzt zugute. In diesen Lehrjahren sind viele der bedeutenden Psalmen Davids entstanden.

30 Jahre lang bereitete unser Herr sich auf sein öffentliches Wirken vor, das nur ungefähr drei Jahre dauerte. Geduldig unterstellte er sich dem Willen des Vaters, während er seinen Dienst tat.

„Meine Stunde ist noch nicht gekommen", erklärte er Maria (Johannes 2,4). „Hat der Tag nicht zwölf Stunden?", fragte er die ungeduldigen Jünger (Johannes 11,9). Gott hat seine eigenen Zeitvorstellungen für seine Pläne. Und wenn wir sie durchkreuzen, gefährden wir seine Absichten.

Als ich auf dem Bibelseminar studierte, war es mir möglich, am Wochenende eine Gemeinde zu betreuen. Gott segnete dies auf vielfältige Weise. So kam es, dass ich versucht war, meine Ausbildung abzubrechen und mich ganz für die praktische Arbeit in der Gemeinde einzusetzen. Mein Studentenseelsorger brachte mich aber schnell wieder zur Vernunft. „Gott hat so lange auf dich gewartet", erinnerte er mich. „Nun wird er auch noch warten wollen, bis du dein Examen geschafft hast. Setze nicht langfristige Investitionen für ein kurzfristiges Engagement aufs Spiel." Er hatte recht, und heute bin ich froh, dass ich seinem Rat gefolgt bin. Unsere Geduld wird besonders dann auf die Probe gestellt, wenn Leid über uns kommt. Gott erklärt nicht immer, *was* er tut und *warum* er etwas tut. Wenn wir in Not geraten, müssen wir vor allem Nachahmer derer werden, „die durch Glauben und Ausharren die Verheißungen erben" (Hebräer 6,12). „Denn Ausharren habt ihr nötig, damit ihr, nachdem ihr den Willen Gottes getan habt, die Verheißung davontragt" (Hebräer 10,36). Die Gewissheit, dass der Vater bei uns ist und seine Pläne für unser Leben durchsetzen wird, sollte uns Mut machen. Doch wir sind leider oft viel zu ungeduldig.

„Warum hat mich Gott so gemacht, wie ich bin?", fragte einmal eine Frau einer Gemeinde verbittert. Ihr Pastor erwiderte tröstend: „Gott *hat* Sie nicht gemacht – er macht Sie *noch immer.*" Wie wahr ist das! Wie oft aber sind wir uns dessen gar nicht bewusst!

Wenn es Gott gelingt, einen Menschen geduldig zu machen, kann er ihm mehr anvertrauen. Ein Abschlussexamen gibt es allerdings nicht in der Schule der Geduld. Wir bleiben immer Lernende, immer unterwegs auf dem Weg zur Reife. Oft fallen wir bereits durch die Prüfung, ohne überhaupt zu wissen, was wir alles lernen sollen. Unser himmlischer Vater jedenfalls will uns immer mit Rat und Tat zur Seite stehen und uns dem Vorbild seines Sohnes entsprechend umgestalten. Das allein ist, was wirklich zählt.

„Herr, mache mich geduldig!" Auf dieses Gebet wird Gott oft unerwartet reagieren. Die Bitte aber: „Wenn es geht, sofort!" wird er nicht erfüllen. Selbst der allmächtige Gott nimmt sich Zeit, aus Ton brauchbare Gefäße zu gestalten. Wir tun uns also keinen Gefallen, wenn wir hastig auf Uhren oder Kalender sehen. Besser ist es, Gott zu vertrauen und ihn gewähren zu lassen, damit seine Pläne zu seiner Zeit in Erfüllung gehen.

# 2

# Kurze Wege – kurzes Glück

Meine Frau und ich durchquerten mit dem Auto das Vorgebirge der *Cumberland Mountains* in Kentucky. An einer Kreuzung bot sich uns die Möglichkeit, eine Abkürzung zu nehmen. Die Straße schien auch ganz passabel zu sein. Doch sehr bald stellte sich heraus, dass sie es ganz und gar nicht war. Sie wurde so selten befahren, dass Schildkröten darauf in der Sonne dösten. Eine solche Straße, auf der sich Schildkröten gefahrlos aufhalten können, ist für Menschen kein geeigneter Fahrweg. Diese Abkürzung stellte sich dann auch sehr bald als gefährlich und zeitraubend heraus.

In vielen Lebensbereichen bieten sich Abkürzungen an, die man nutzen sollte, weil sie Zeit und Energie sparen. Jede gute Köchin kennt bestimmte Kniffe, um bei lästigen Routinearbeiten in der Küche Handgriffe und damit Zeit zu sparen. Und jeder erfahrene Meister wird dem Lehrling seine Erfahrungswerte mitteilen, wie man langwierige Arbeiten in kürzerer Zeit erledigen kann. Aber in den Lebensbereichen, auf die es wirklich ankommt – wie zum Beispiel Charakterprägung und der Dienst für Gott –, sollten wir uns vor Abkürzungen und Kunstgriffen hüten.

Ich kenne zum Beispiel Menschen, die sehr schnell ihr Bibelwissen erweitern möchten. Sie kaufen sich Studienbibeln mit einer Fülle von Fußnoten, die ein enzyklopädisches Wissen vermitteln. Und dennoch stoßen sie unter Umständen niemals zum Kern der Wahrheit in Gottes Wort vor. Wie kommt das? Sie wollen in aller Eile und auf dem kürzesten Weg Ergebnisse erzielen. Sie kennen nicht den Unterschied zwischen Fakten und tiefer Erkenntnis, zwischen intellektuellem Einordnen und geistlichem Erfassen. Sie lesen zwar Abhandlungen und interpretieren Diagramme und sie hangeln sich von Querverweis zu Querverweis, aber sie nehmen sich nicht die Zeit, sich vom Geist Gottes unterweisen zu lassen.

Weil es auf dem Weg zur Erkenntnis Gottes keine Abkürzungen gibt, gibt es auch bei der christlichen Charakterschulung keine kurzen Wege. Wir studieren das Wort Gottes, um den Gott des Wortes besser kennenzulernen. Und indem wir ihn näher kennenlernen, werden wir ihm ähnlicher. Ruhm und Ansehen kann man über Nacht gewinnen; um aber den Charakter zu bilden, braucht man viele Jahre.

Manche Christen können nicht verstehen, dass Gott nicht so sehr an den Aufgaben selbst interessiert ist als vielmehr an denen, die sie erledigen sollen. Anstatt Josef langwierig auf die Aufgabe vorzubereiten, hätte er auch Engel schicken können, um Jakob und seine Familie zu versorgen. Er hätte Israel aus Ägypten durch ein einziges Wort aus seinem Mund retten können. Aber er entschied sich für einen langen Weg. Deshalb schulte er Führungspersönlichkeiten, die ihm halfen, die Aufgabe zu erledigen. So sollten auch wir Eltern es mit unseren Kindern machen. Oft ist es viel bequemer, selbst den Rasen zu mähen oder den Müll hinauszutragen, als die Kinder mühsam dazu anzuhalten. Sie müssen es aber lernen, sich einzubringen und Aufgaben zu erledigen. Wenn wir sie deshalb mit Aufgaben betrauen, geht es nicht in erster Linie darum, dass diese getan werden. Es geht vielmehr darum, ihren Charakter zu prägen. Das aber geschieht nicht durch Abkürzungen.

Weder bei der Vertiefung geistlicher Erkenntnisfähigkeit noch bei christlicher Charakterbildung sind Abkürzungen erlaubt. Das gilt ebenso für Aufbau und Wachstum unserer Gemeinde vor Ort. Oft scheint man sich heute in den Gemeinden nur noch um sichtbare Ergebnisse zu bemühen. Das ist an sich nicht verkehrt oder gar sündig, vorausgesetzt, es handelt sich dabei nicht um allzu menschliche Methoden, auf kürzestem Weg Erfolge zu erzielen. So manche Vorgehensweise ist eine Schande für das Evangelium. So wird oft aus der Frohen Botschaft eine billige Ware. Manche Ziele sind leider fleischliche Vorstellungen der geistlich Verantwortlichen, die so gut wie gar nichts mit dem Werk Gottes und seiner Herrlichkeit zu tun haben.

Jesus erzählte das Gleichnis von zwei Männern, die sich ihre Häuser bauten. Der eine errichtete das Haus eilig, ohne ein solides Fundament. Es ist kaum überraschend, dass dieses Gebäude nicht lange hielt. Der andere Mann legte erst ein Fundament und baute darauf ein Haus, das dem Sturm widerstand. Der schnell Weg erwies sich als fatal, nicht nur für das Haus, sondern auch für seine Bewohner. Der eilige Bauherr musste auf dramatische Weise lernen, wie hoch die Kosten für eine „Abkürzung" sein können.

Wo Leben ist, da ist auch Wachstum; und eine Gemeinde sollte immer wachsen – qualitativ und quantitativ. Aber Gemeinden wachsen nicht durch immer neue Mitglieder und Modelle. Sie gedeihen nur durch die Aufnahme von geistlicher Nahrung. Wahres Wachstum geschieht von innen heraus. Das ist Wachstum mit bleibendem Erfolg. Ich stehe nun schon mehr als 40 Jahre im geistlichen Dienst und kenne Gemeinden überall auf der Welt. Dabei habe ich die verschiedensten Konzepte für den Gemeindeaufbau kennengelernt. Viele davon haben dem jeweiligen Werk mehr geschadet als genützt. George MacDonald hatte recht, als er sagte: „Bei allem, was der Mensch ohne Gott tut, wird er schrecklich versagen oder noch schrecklicher siegen."

Wenn Ihnen der persönliche Ruhm am Herzen liegt, dann schlagen Sie die kurzen Wege ein und zeigen stolz Ihre

Erfolgskurven vor. Wenn aber die Ehre Gottes das Anliegen Ihres Herzens ist, dann gehen Sie den geistlichen Weg – Gebet, Zeugnis, Hingabe und Opferbereitschaft. Überlassen Sie ihm getrost, was am Ende dabei herauskommt. Schließlich ist es „Gott, der das Wachstum gibt“ (1. Korinther 3,7) und nicht unsere Methode.

Wer die Probleme lösen will, die das menschliche Leben immer wieder mit sich bringt, der darf keine Abkürzungen nehmen. Ich meine nicht die kleinen Probleme, die uns ab und an aus der Fassung bringen. Gemeint sind vielmehr die wirklich an die Substanz gehenden Konflikte, die tiefe Wurzeln haben und bittere Früchte hervorbringen. In meiner Seelsorge habe ich immer wieder versucht, Menschen mit solchen Problemen zu helfen. Und dabei war ich so manches Mal erschrocken, wie hartnäckig sich diese Konflikte halten konnten. Vom Pastor oder von Gott erwarten die Hilfesuchenden dann oft, dass sie mit Patentrezepten diesen Problemen ein schnelles Ende bereiten.

Ich bin überzeugt, dass Ärzte mit denselben Erwartungen konfrontiert werden. Viele Patienten verschweigen monatelang oder gar jahrelang ihre Beschwerden und erwarten dann vom Arzt, dass er ihnen die Pille mit schneller Wirkung verschreibt. Ich habe Menschen beerdigen müssen, die sich so verhielten.

Paare mit Eheproblemen, Eltern mit Erziehungsproblemen oder einzelne Menschen mit tiefen seelischen Störungen neigen dazu, die schnelle Lösung zu suchen. Doch die Abkürzung verschlimmert oft nur das Problem. Gilbert Chesterton hat einmal treffend festgestellt: „Der größte Nachteil der Eile ist, dass sie so viel Zeit kostet.“ Das Patentrezept kuriert vielleicht für den Augenblick die Symptome, die Ursachen werden damit aber kaum beseitigt. Wie die falschen Propheten zu Zeiten Jeremias heilen Seelsorger mit Patentrezepten nur oberflächlich. Sie sagen: „‚Friede, Friede! – und da ist doch kein Friede“ (Jeremia 6,14).

Auch Erweckung erreichen wir nicht über Abkürzungen. Gemeinde braucht Erweckung, aber sie ist nicht schnell und ohne geistliches Mühen zu bekommen. Evan Roberts betete elf Jahre lang, bevor 1904 die Erweckungsbewegung in Wales begann. Mehr als 100.000 Menschen bekehrten sich damals zu Christus. Das aber war nicht das Ergebnis kalkulierter Veranstaltungen oder eines menschlich geplanten Werbefeldzugs. Wahre Erweckung hat viel tiefere Wurzeln.

So mancher glaubt, Erweckung könne von außen entzündet werden. Wenn etwas in Stadt A durch Bruder B in Gang gekommen ist, warum sollte dann dasselbe nicht auch in Stadt C oder D geschehen? Es ist durchaus möglich, dass Gott einen Diener dazu benutzt, das geistliche Erwachen an andere Orte zu tragen. Aber das muss keineswegs so sein. Charles Spurgeon sagte: „Ohne den Geist Gottes können wir gar nichts tun. Wir sind wie Schiffe ohne Wind und Wagen ohne Ross; wie Zweige ohne Saft vertrocknen wir; wie Kohlen ohne Feuer sind wir zu gar nichts nütze." Wahre Erweckung lässt sich nicht erarbeiten, sie wird uns gesandt. Sie wird nicht von außen an uns herangetragen, sondern entzündet sich von innen heraus.

2. Mose 13,17 zum Beispiel weist darauf hin, dass Gott selbst keine Abkürzungen nimmt. Als er Israel aus Ägypten befreite, „führte Gott sie nicht den Weg durch das Land der Philister, obwohl er der nächste war". Gott half seinem Volk, indem er den Umweg wählte. So handelt er oft auch heute noch.

Die „Instant"-Mentalität unserer Gesellschaft hat sich leider auch in den Gemeinden ausgebreitet, indem man voreilig nach dem kürzesten Weg Ausschau hält. Die Natur ist ein sichtbares und eindrucksvolles Zeugnis dafür, dass Gott sich Zeit nimmt, um Großes zu vollbringen. Und auch die Kirchengeschichte belegt dies eindrucksvoll. Es kommt zwar vor, dass uns Gott hin und wieder großen Segen auch in kürzester Zeit schenkt. Üblicherweise aber geht er nicht vorschnell und hastig zu Werke.

Ich vermute, wir suchen oft die Abkürzung, weil wir nicht den Preis zahlen wollen, den Gottes Weg uns abverlangt. Statt inständig und anhaltend zu beten, intensiv zu lernen, unser Herz zu erforschen und geduldig zu säen, suchen wir nach Methoden, die sofortige Ergebnisse versprechen. Man kann dabei zwar zu Ergebnissen kommen, aber nicht zu Früchten. Ohne Wurzeln wachsen keine Früchte, und Wurzeln versorgen nur, wenn man beim Einpflanzen tief genug gegraben hat. Das alles aber dauert seine Zeit.

Im Jahr 1881 hielt Spurgeon vor Studenten und Absolventen seines Predigerseminars eine Ansprache. Sein Schlusswort ist besonders bemerkenswert: „Fürchten Sie sich nicht vor der harten Arbeit für Christus. Ein böses Erwachen wird es für die geben, die sich ihren Dienst am Herrn zu leicht machen. Aber eine große Belohnung erwartet all jene, die vieles erdulden um der Auserwählten willen."

Hüten wir uns also vor den hohen Kosten allzu kurzer Wege.

# 3

# Eins nach dem anderen

Jemand versuchte den Showmaster Will Rogers zu verunsichern, indem er ihn fragte: „Wenn Sie nur noch 48 Stunden zu leben hätten, wie würden Sie diese verbringen?“

Der schlagfertige Rogers antwortete: „Eine nach der anderen.“

In Amerika kam ein Spielzeug auf den Markt, das man treffend „Zeittöter“ nannte. Die meisten Menschen brauchen kaum Nachhilfeunterricht im Zeit-Totschlagen. Zeitverschwendung ist zwar ein weitverbreitetes Übel, aber niemand gibt es gern zu. Viel eher hören wir Klagen wie: „Dafür habe ich wirklich keine Zeit.“ Gott aber schenkt uns allen gleich viel Zeit für den Tag. Entscheidend ist also, was wir damit anfangen.

Ich möchte im Folgenden ein paar Anregungen geben, wie Sie Ihre Zeit besser nutzen und dabei mehr für den Herrn tun können.

*Fangen Sie Ihren Tag mit dem Herrn an.* Mir ist klar, dass jeder Mensch einen individuellen Tagesablauf hat. Biblische Vorbilder und die Erfahrung aber lehren, dass eine Stille Zeit oder Andacht am Morgen der beste Beginn ist. Der Herr Jesus stand oft früh am Morgen auf, um zu beten und Gemeinschaft mit dem Vater zu pflegen (s. Markus 1,35). Auch der Psalmist des 119. Psalms stand schon vor Tagesanbruch auf, um die Gegenwart

Gottes zu suchen (Vers 147). Sagen Sie dem Herrn, was Sie an diesem Tag geplant haben. Nennen Sie alles, was Ihnen einfällt, und überlassen Sie ihm die Feinarbeit. Das nimmt Ihnen die Anspannung. Und Sie bleiben gelassener, wenn alles durcheinandergerät, weil der Zeitplan nicht eingehalten werden kann.

*Planen Sie Ihren Tagesablauf.* Nicht nur der Geschäftsmann oder die Geschäftsfrau muss ihren Tagesablauf planen, sondern auch der Ehemann, die Hausfrau, der Student und selbst der Rentner. Niemand kann es sich leisten, seine Zeit zu vergeuden. Ich plane meinen Tag gern am Abend zuvor, indem ich die Arbeiten, die zu erledigen sind, und die Termine für die Aktivitäten außer Haus aufschreibe. Im Laufe des Tages schaue ich immer wieder mal auf meinen Terminkalender, und es macht mir Freude, jeweils die Punkte durchzustreichen, die bereits erledigt sind. Am Abend gehe ich dann alles noch einmal durch und entwerfe wieder den Terminplan für den nächsten Tag. Diese einfache Methode ermöglicht es mir, viel mehr zu erledigen, als wenn ich unsystematisch vorginge.

*Legen Sie immer wieder „Segenspausen" ein.* Viele Menschen unterbrechen drei- oder viermal am Tag ihre Arbeit für „Kaffeepausen", aber nur wenige nehmen sich Zeit für „Segenspausen". Was ist eine Segenspause? Es ist eine kurze Zeit der Sammlung und Besinnung, um das Herz froh zu stimmen, um Führung, Leitung und Stärke vom Herrn zu bekommen. Das brauchen wir ganz besonders, wenn wir nervös und abgespannt sind und merken, dass wir schnell gereizt reagieren. Nehmen Sie sich ein paar Minuten und denken Sie an den Herrn. Machen Sie sich bewusst, wie lieb er Sie hat, zitieren Sie eine Verheißung und empfangen Sie im Glauben den Segen, den Sie gerade in diesem Augenblick nötig haben. Ich mache das, wenn ich „ewig" am Bahnübergang warte, im Supermarkt in der Schlange stehe oder im Kaufhaus den Fahrstuhl benutze. Glauben Sie mir: Es hilft! Versuchen Sie, immer etwas vorzuarbeiten. Es macht unruhig und nervös, wenn man immer gerade nur das erledigt, was unbedingt erledigt werden muss. Man droht so leicht abzustürzen. Dabei kann man nie sein Bestes geben. Wenn man sich keine Verschnaufpause gönnen kann, bekommt man schnell das Gefühl, in echter Bedrängnis zu sein. Bei langfristigen Projekten sollten Sie immer dem eigentlichen Plan etwas voraus sein. Nutzen Sie freie Zeitfenster, um vorzuarbeiten. Dadurch sparen Sie langfristig Zeit ein.

Als ich die *Moody Church* als Pastor betreute, musste ich mich in der Woche auf vier Predigten vorbereiten und zusätzlich noch eine Andacht fürs Radio schreiben. Das schaffte ich nur dann problemlos, wenn ich vorarbeitete. Wenn es unerwartete Unterbrechungen gab – wer plant schon eine Beerdigung im Voraus ein? –, war ich dankbar für die Vorarbeit.

Leben Sie, um Gott zu erfreuen, und leben Sie nach dem guten Plan, den er für Sie erdacht hat. Ein altes römisches Sprichwort sagt: „Wenn der Kapitän den Hafen nicht kennt, den er ansteuern soll, ist kein Wind der richtige." Gott möchte, dass wir konkrete Ziele ansteuern. Normalerweise berücksichtigt er zudem, was wir gern tun und was uns liegt. Wenn die Pflicht zum Vergnügen wird, arbeitet man immer am besten. Plage ist Arbeit ohne Herz.

Wenn Sie zur Freude Gottes leben, fällt es Ihnen viel leichter, all den Zeitgenossen eine freundliche Abfuhr zu erteilen, die es anscheinend so gut mit Ihnen meinen, die Sie aber in Wirklichkeit nur manipulieren wollen. Denen aber, die eine Bitte an Sie herantragen, die mit Gottes Plänen übereinstimmt, werden Sie mit größerer Offenheit begegnen können. Wenn Sie den Willen Gottes kennen, treffen Sie klügere Entscheidungen und ersparen sich so manchen zeitaufwendigen Umweg. Lernen Sie, zu entspannen und die Freizeit zu genießen. Es ist keine Sünde, auch einmal die Hände in den Schoß zu legen. Ein von mir geschätzter Prediger ist William Sangster aus London, der 1960 starb, nachdem er drei Jahre an einer fortschreitenden Lähmung litt. Er war einmal ein wahres Energiebündel, gab aber später selbst zu: „Ich habe zu viel Wirbel gemacht. Ich habe zu viel geredet. Ich war stolz auf meine Gesundheit und auf meine Arbeit. Dabei habe ich mir niemals Zeit genommen, innezuhalten und mich umzuschauen. Das Problem war mein eiserner Wille. Er hat meinen Körper immer wieder als Sklaven meines Terminkalenders mit der Peitsche in der Hand vorangetrieben." Es ist natürlich nicht sicher, aber Dr. Sangster hätte vielleicht länger gelebt, wenn er sich Zeit zur Entspannung gegönnt hätte. Das Gegenmittel bei Erschöpfung ist die Erholung.

„So lehre uns denn zählen unsere Tage, damit wir ein weises Herz erlangen!" (Psalm 90,12). Denn im 5. Buch Mose heißt es: „Wie deine Tage, so deine Kraft" (Kapitel 33, Vers 25). Gott kann uns Weisheit und Kraft für jeden Tag unseres Lebens schenken, wenn wir ihn gewähren lassen – die Weisheit, um zu wissen, was wir tun sollen, und die Kraft, das auch zu tun. Tragischerweise verschleudern wir oft die Zeit, weil die Zukunft uns ruhelos macht und die Vergangenheit uns belastet. Und morgen wird es dann nicht anders sein.

Der weise Benjamin Franklin schrieb: „Liebst du das Leben? Dann vergeude nicht die Zeit, denn das ist das Material, aus dem das Leben besteht." Anders ausgedrückt: Wer die Zeit totschlägt, wird bald feststellen, dass die Zeit ihm nach dem Leben trachtet. Die Zeit ist Gottes Geschenk an uns. Deshalb ist es Sünde, sie zu verspielen oder gedankenlos Gebrauch von ihr zu machen. Wir müssen sie investieren, indem wir Gottes Willen tun, und dazu gehören auch die Ruhepausen.

„Hat der Tag nicht zwölf Stunden?", fragte Jesus Christus (Johannes 11,9). Und das bezeugt, dass dies das feste und göttliche Maß für seinen Tag war. Nehmen wir uns ein Beispiel an ihm. Um den Willen Gottes zu tun, gibt es immer genug Zeit.

# 4

# Handel und Wandel und die Ewigkeit

Wir alle sind mehr oder weniger davon betroffen, wenn die wirtschaftliche Lage nicht gut ist. Menschen, die früher nur die Lokalseite und die Sportberichte in der Zeitung lasen, durchforsten heute den Wirtschaftsteil, um darin vielleicht doch einen Hoffnungsschimmer zu entdecken. Sogar die Rundbriefe der Missionswerke lassen erkennen, dass wir es mit einem weltweiten Problem zu tun haben.

Die ältere Generation, die noch die große Weltwirtschaftskrise erlebt hat, verabscheut blauäugigen Optimismus und kritisiert die jüngere Generation, die sich an Wohlstand und Sicherheit gewöhnt hat. Die Wirtschaftsfachleute stehen häufig vor unlösbaren Aufgaben. Verwirrung, Besorgnis und Furcht regieren. Und die Folgen zeichnen sich schon deutlich ab: Es gibt immer mehr Scheidungen, Selbstmorde und Einweisungen in psychiatrische Kliniken.

Ich bin kein Wirtschaftsfachmann und habe keinen speziellen Rat für die Leute, die unsere Finanzen verwalten. Meinen Glaubensgeschwistern aber – jung und alt – möchte ich den einen oder anderen Rat mit auf den Weg geben. Wir alle sind betroffen und müssen im Sturm Kurs halten.

Die größte Gefahr besteht darin, zu vergessen, dass wir Christen sind. Wenn unser Denken nur noch um Preise und

Leistungen kreist, vergessen wir allzu leicht die Werte, die wirklich zählen. Die „Liebe zur Welt und der Betrug des Reichtums“ ersticken das Wort in unseren Herzen und berauben uns einer reichen Ernte geistlicher Früchte. Wir bedenken kaum noch, dass die ersten Christen durchweg arme Leute waren, deren Anführer einem Bettler gegenüber eingestehen musste: „Silber und Gold besitze ich nicht“ (Apostelgeschichte 3,6). In den sieben Sendschreiben des erhöhten Herrn an Gemeinden in Kleinasien bezeichnet er die Wohlhabenden als arm und die Armen als reich.

Gemeinden stellen erschrocken fest, dass man sich für völlig falsche Ziele engagiert hat. Und Familien erkennen, dass sie ihr Geld oft für Schnickschnack ausgegeben haben – für Steine und nicht für Brot. James Denney sprach von der „Multiplikation künstlicher Bedürfnisse“. Das beherrscht auch viele Christen und wir zahlen bereits den Preis dafür.

Das heißt nicht, dass wir all unser Hab und Gut verkaufen und unser Geld den Armen geben müssen, um dann in Höhlen ein genügsames Leben zu fristen. Wofür wir uns aber einsetzen und stark machen, sollten immer zuerst die geistlichen Werte sein und nicht der Besitz. Abraham war ein reicher Mann, aber das Beste legte er immer auf den Altar des Herrn, um ihm die Ehre zu geben. Sein klar ausgerichteter Blick auf Gott sorgte dafür, dass er sich mitten im Reichtum seine Genügsamkeit bewahrte.

Brauchen wir wirklich immer all das, was andere Leute besitzen? Ist der Maßstab für das Werk unseres Lebens wirklich der „Überfluss an Dingen, die wir besitzen“? In anderen Teilen der Welt wird gehungert, während wir in einer Wohlstandsgesellschaft mit Übergewicht zu kämpfen haben und an manch anderen Folgen des übermäßigen Nahrungsmittelkonsums leiden.

Überprüfen wir also unsere Prioritäten – jeder für sich, in unseren Familien und in den Gemeinden. Fragen wir uns einmal, ob wir unsere Mittel überhaupt zur Ehre Gottes einsetzen.

Zudem sollten wir für jene beten, die in unseren Gemeinden und Missionswerken Verantwortung tragen, damit sie verantwortungsvoll mit dem Geld umgehen, das Gott gehört. Selbst in Zeiten des Überflusses sollte es sich niemand leisten, etwas zu verschwenden. Und wenn die Wirtschaft nicht so floriert, müssen wir erst recht sorgfältig mit den Ressourcen umgehen.

Mein zweiter Rat ist, nicht in Panik zu geraten. Die Gemeinde Jesu hat schon so manchen Sturm unbeschadet überstanden, und mit Gottes Hilfe wird sie weiter überleben. Manchmal nehmen unsere Schatzmeister den Gemeindehaushalt so wichtig, dass sie einer gesunden Entwicklung im Wege stehen. Nehemia baute die Mauern Jerusalems „in der Bedrängnis der Zeiten“ (Daniel 9,25). Aus langjähriger Erfahrung im Gemeindedienst weiß ich, dass es eigentlich nie den richtigen Zeitpunkt für Bauprojekte oder Aufstockungen der Missionskasse gibt. Immer ziehen irgendwelche dunklen Wolken am Horizont auf. „Wer auf den Wind achtet, wird nie säen, und wer auf die Wolken sieht, wird nie ernten“ (Prediger 11,4).

Wir leben heute keineswegs in einer Zeit, die uns zum Nichtstun verurteilt. Als Jesus seinen Missionsbefehl an die junge Kirche ausgab, waren die Umstände nicht viel anders als heute. Hohe Steuern, Militär, das unterhalten werden wollte, niedrige Löhne und Arbeitslosigkeit. All das war schon damals bedrückend. Doch die ersten Christen machten sich im Glauben an die Arbeit. Sie vertrauten darauf, dass Gott für ihre Bedürfnisse sorgen würde. Sie waren zu Opfern bereit und dienten, wodurch sich die Frohe Botschaft über die ganze Welt ausbreitete.

Vielleicht zögern wir, weil wir heute einfach nicht mehr wissen, was das Wort „Opfer“ bedeutet. Ich hörte einmal jemanden Folgendes beten: „O Herr, das Einzige, was wir heute noch vom Opfer wissen, ist, wie man das Wort schreibt.“ Wir können uns unser Leben ohne Luxusgüter nicht mehr vorstellen. Und deshalb sind wir auch nicht bereit, um anderer Menschen willen darauf zu verzichten. Irgendwann muss vielleicht einer von uns auf seinen Urlaub verzichten, um einen Missionar draußen in der Welt zu unterstützen. Wir haben vergessen, dass der Zweck unserer täglichen Arbeit nicht nur ist, unsere Rechnungen bezahlen zu können, sondern auch, dass „er dem Bedürftigen etwas mitzugeben habe“ (Epheser 4,28).

Ich hörte einmal von einem Pastor, der sich bei einer Gemeinde beworben hatte. Man war bereit, ihn einzustellen, wenn er bereit sei, im Glauben zu leben. Er fragte die sechs Mitglieder des Vorstands, was es bedeute, im Glauben zu leben. Man wolle ihm kein festes Gehalt zahlen, war die Antwort. Er solle Gott zutrauen, dass er für all seine Bedürfnisse aufkommen würde. Darauf machte der Bewerber einen Vorschlag, der ihn allerdings die Stelle kostete: „Jeder von Ihnen hat ein Gehalt. Wie wäre es, wenn wir diese Gehälter zusammenlegen und alles durch sieben teilten, sodass jeder gleich im Glauben leben kann?“ Wer in der Gemeinde Verantwortung trägt, hat kein Recht, von Pastoren und Missionaren Opfer zu verlangen, die er selbst nicht zu bringen bereit ist. Wir sitzen schließlich alle im selben Boot.

Unsere Gemeinden dürfen nicht aufhören zu wachsen. Und wir müssen auch weiterhin Missionare aussenden. Dazu sollten wir unbedingt die großartigen Möglichkeiten der neuen Medien nutzen, um die Frohe Botschaft überall in der Welt zu verkündigen. Treten wir aber den Rückzug an, verleugnen wir nicht nur unseren Glauben, den wir predigen, sondern wir geben dem Feind damit die Gelegenheit, noch mehr Land einzunehmen.

Auf der lokalen Ebene müssen es vor allem Menschen sein, für die wir uns einsetzen. Wenn wir uns zwischen Stein und Mörtel oder Fleisch und Blut entscheiden müssen, dann sollten immer die Menschen den Vorrang haben. Wenn Sie Ihr Testament machen, dann sollte nicht Ihre Gemeinde Geld für ein weiteres buntes Fenster oder eine neue Kanzel bekommen, sondern lassen Sie davon einen Studenten unterstützen, der sich für den geistlichen Dienst vorbereitet. Oder stellen Sie

Geld für eine Stiftung zu Verfügung, die Missionare im Ruhestand unterstützt.

Ein befreundeter Pastor klagte mir einmal sein Leid. Er hatte große Probleme mit seiner Gemeinde. Seine Pläne waren solide und durchführbar. Aber der Gemeinderat war angesichts der angespannten finanziellen Lage übervorsichtig geworden. Und so gab man kein grünes Licht, obwohl das Geld eigentlich vorhanden war. Begreifen wir doch, dass eine Gemeinde niemals zum Stillstand kommt. Entweder sie bewegt sich vorwärts oder zurück. Wenn die Verantwortlichen einer Gemeinde fragen: „Ist das Ganze auch sicher genug?", anstatt sich zu fragen: „Ist das auch Gottes Wille?", dann steckt die Gemeinde in Schwierigkeiten.

Die zehn Kundschafter von Kadesch Barnea waren der Meinung, der Einzug ins Gelobte Land sei zu unsicher. Und so kam es, dass das Volk noch 40 Jahre durch die Wüste wandern musste.

Die Gemeinde hat, wenn sie auf dem richtigen Weg war, immer aus Glauben gehandelt. „Glaube geschieht nicht dem Augenschein zum Trotz, sondern im Gehorsam trotz aller Konsequenzen." Dieser Satz hat mich immer wieder in meinem Dienst aufgerüttelt, und das hat mir gut getan. Die Glaubenshelden, die in Hebräer 11 aufgezählt werden, scheuten alle das Risiko nicht. Hätten sie jeweils nur die Umstände gesehen und nicht auf Gott vertraut, würde man ihre Namen in Hebräer 11 vergeblich suchen.

Zeiten, in denen wir gegen den Wind segeln müssen, bieten uns immer auch große Chancen. „Denn eine große und wirksame Tür ist mir geöffnet worden", schreibt Paulus, „und der Widersacher sind viele" (1. Korinther 16,9). Wenn Sie Ihre Schwierigkeiten aus Gottes Perspektive sehen, dann sind es im Grunde Herausforderungen und Chancen, und Sie entdecken so manche geöffnete Tür. Wenn Sie aber immer nur durch Ihre Probleme hindurch auf Gott schauen, schlagen Sie viele Türen zu. Wir sind nicht auf dieser Erde, um religiöse Organisationen zu betreiben. Wir sind hier, um Menschen für Christus zu gewinnen und seine Gemeinde zu bauen. Erst als Petrus den Fisch fing, fand er das Geld in dessen Maul! Wenn wir mehr Fische fangen und mehr Gemeinden gründen würden, würden wir auch erleben, dass Gott uns mit dem nötigen Geld versorgt. Wenn wir aber nicht genug für den Aufbau unserer Gemeinden vor Ort tun, dann fehlt uns vielleicht auch das nötige Fundament, um Missionare nach Übersee zu senden. Noch nie war es so wichtig, dass Inlands- und Auslandsmission Hand in Hand arbeiten. Sind wir bereit, unsere Prioritäten zu überdenken? Sind wir bereit, damit aufzuhören, unser Geld für Nebensächliches auszugeben? Sind wir zu Opfern bereit? Liegt uns das Schicksal von Menschen wirklich am Herzen? Jeder von uns sollte diesbezüglich sein eigenes Herz ernstlich prüfen, und: „Was er euch sagen mag, tut" (Johannes 2,5).

# 5

# Vergiss nicht, dass du heute lebst

Wenn die Zeiten schwieriger werden, neigen Menschen dazu, eine von drei möglichen Richtungen einzuschlagen, um die innere Anspannung abzubauen. Einige blicken zurück, schwärmen von der guten, alten Zeit und fliehen in die Nostalgie. Andere projizieren sich in die unbekannte Zukunft, indem sie sich dem Okkultismus verschreiben oder ganz aufgehen in einer Fantasiewelt der Science-Fiction und der Videospiele. Andere wiederum kehren sich ganz ihrer Innenwelt zu, indem sie meditieren oder dazu noch Drogen nehmen.

Welche Richtung diese Menschen auch einschlagen, ein Ziel haben sie alle: Sie wollen der Gegenwart entfliehen. Leider bleiben wir in der Gemeinde von ähnlichen Tendenzen nicht verschont. Es ist deshalb höchste Zeit, dass wir uns dem mutig entgegenstellen.

Sprechen wir zuerst über die auch unter Christen anzutreffende Neigung zur Nostalgie. Ich schätze sehr das geistliche Erbe der Kirchengeschichte. Ich habe mich gründlich mit Biografien von Predigern und mit der Geschichte der Verkündigung beschäftigt. Ich habe dieses Thema in Seminaren behandelt und meine Freunde im geistlichen Dienst immer wieder ermuntert, sich mit dem Leben bedeutender Männer und Frauen der Kirchengeschichte vertraut zu machen.

Aber die Vergangenheit hat mich nie so fasziniert, dass ich sie unverändert auf heute übertragen wollte. Auch ich bin überzeugt, dass die Vergangenheit nicht unbedingt besser war als unsere Gegenwart. Zu allen Zeiten haben Menschen darüber geklagt, dass Gott nicht das für sie tat, was er ihren Vorfahren zukommen ließ.

Eine Gefahr dieser christlichen Nostalgie besteht darin, dass wir nicht mehr schätzen, was Gott in unserer Zeit tut. Wir nehmen nicht mehr wahr, dass Gott auch heute noch Männer und Frauen segnet und dass wir trotz allem geistlich vorankommen.

Wenn wir versuchen, die Vergangenheit zu kopieren, laufen wir Gefahr, die Geschichte als Rezeptbuch zum Erfolg zu verstehen. Moody, Finney und Spurgeon waren bedeutende Gottesmänner, aber auch sie waren sich nicht immer einig in dem, was sie taten. Wer von ihnen ist nun für heute der Garant für geistliche Wegführung?

Salomo gibt uns in Prediger 7,10 folgenden Rat: „Sage nicht: Wie kommt es, dass die früheren Tage besser waren als diese? Denn nicht aus Weisheit fragst du danach." Man muss irgendwann auf die Bremse treten, wenn man nur in den Rückspiegel starrt. Die Vergangenheit hat ihren Wert als Ruder, um die Richtung mitzubestimmen. Sie darf aber nie zum Anker werden, der uns zurückhält. Wir können aus der Vergangenheit lernen, aber wir dürfen nicht in ihr leben wollen.

Wenn ich die Quellen richtig deute, dann waren große Männer der Vergangenheit wie Moody und Spurgeon so erfolgreich, weil sie im Wort Gottes verwurzelt waren. Sie ließen Gott aber auch das mit ihnen tun, was für den Augenblick notwendig war. Und sie fürchteten sich nicht vor dem Neuen. Moody war seiner Zeit voraus. Er war ein Vorreiter der Gemeinde, der mit neuen Methoden, die für uns heute schon wieder Vergangenheit sind, neues Land einnahm.

Ich möchte noch ein warnendes Wort an meine Kollegen im Verkündigungsdienst richten: Versuchen Sie nicht, die großen

Verkündiger der Vergangenheit zu imitieren. Das Wort Gottes wandelt sich zwar nicht – es spricht heute zu unseren Herzen wie damals –, aber es muss in jeder Generation neu seinen zeitgemäßen Ausdruck finden.

Die Flucht in die Zukunft ist eine andere Gefahr, für die auch die Christen in der Gemeinde heute anfällig sind. Kennen Sie Veranstaltungen, in denen viel von Prophetie die Rede ist, von dem, was Gott irgendwann in der Zukunft tun will? Was er heute in seiner Gemeinde bewirken möchte, darüber aber wird kaum gesprochen.

Ich habe die biblischen Prophetien studiert und auch auf entsprechenden Konferenzen darüber gesprochen. Deshalb ist mir durchaus bewusst, dass ein großer Teil der Bibel Prophetie enthält. Mir ist allerdings auch aufgefallen, dass die biblischen Propheten ihre Botschaft sehr häufig mit der Gegenwart verknüpften. Sie haben zukünftige Ereignisse nicht vorausgesagt, um sensationslüstern zu unterhalten oder um falsche Hoffnungen zu wecken. Die prophetischen Schriften berichten uns, was Gott zukünftig tun will, damit sein Volk weiß, wie es sich in der Gegenwart zu verhalten hat. Sie sind uns nicht gegeben worden, um aus der Gegenwart zu fliehen, sondern um uns in ihr richtig zu verhalten.

Der Prophet Amos predigte einer Generation von Menschen, die ständig davon redete, sich nach dem „Tag des HERRN" zu sehnen (s. Amos 5,18). Sie waren so von der großartigen Zukunft Israels fasziniert, dass sie nicht bemerkten, wie egozentrisch sie in einer Zeit lebten, in der Opfer und rechter Gottesdienst gefordert waren. Amos mahnte deshalb: „Wehe denen, die den Tag des HERRN herbeiwünschen! Wozu soll euch denn der Tag des HERRN sein? Er wird Finsternis sein und nicht Licht" (Vers 18). Gewisse Predigten, Seminare und Lieder über die Wiederkunft Christi erwecken den Eindruck, als würde uns bei der Begegnung mit Jesus Christus nur Lohn erwarten, nicht aber von uns Rechenschaft gefordert werden. Beachten wir diesbezüglich zum Beispiel das Gleichnis unseres Herrn vom treuen Haushalter (s. Lukas 12,41–48). w

Darum an alle, die das Wort verkünden: Predigen Sie über die prophetischen Texte. Aber achten Sie darauf, sie mit dem Leben und dem Dienst von heute zu verknüpfen. Die Botschaft von der Wiederkunft Jesu Christi ist eine Quelle der Motivation für die Gemeinde, durch die wir angehalten werden sollen zu einem vollmächtigen, geheiligten Leben. Wir können als Christen getrost und freudig in die Zukunft schauen. Die beste Vorbereitung auf die Wiederkunft Christi aber besteht darin, seinen Willen hier und jetzt zu tun. Es wird jedoch ein böses Erwachen für die geben, für die Prophetie nur Flucht vor den Aufgaben der Gegenwart ist.

Zur dritten Gruppe gehören die, die sich nach innen kehren und der Realität durch mancherlei mystische Erfahrungen entrinnen wollen. Die Popularität von Psychotechniken wie Yoga und Transzendentaler Meditation und von Drogen sind ein Hinweis darauf, dass viele Menschen in ihre Innenwelt fliehen, um möglichst wenig Berührungspunkte mit der Realität zu haben. Wir bemitleiden solche Leute vielleicht, doch wir müssen uns ganz ehrlich fragen, wie weit wir uns in unseren Gemeinden entsprechender „christlicher" Praktiken bedienen.

Ich fürchte, dass die Neigung, sich auf die Flucht zu begeben, auch in den Lehren von der sogenannten inneren Heilung eine immer größere Rolle spielt. Zu diesem Thema habe ich manche Vorträge gehört und viele Bücher in meiner Bibliothek stehen, die von Meistern einer geistlich vertieften Lebensweise verfasst wurden und die ich alle mit Interesse gelesen habe. Dabei ist mir klar geworden, dass die biblische Botschaft von einem vertieften geistlichen Leben den Gläubigen niemals zur Flucht ermuntert. Wir haben vertiefte Gemeinschaft mit Gott, um als bessere Diener wieder in die Welt hinauszugehen.

Manche Christen sehnen sich heute nur aus einem Grund nach tieferen geistlichen Erfahrungen: Sie wollen sie nur für sich genießen. Die verlorene Welt um sie herum mag zur Hölle gehen. Sie genießen wie Petrus den Aufenthalt auf dem Berg der Verklärung und möchten dort verweilen. Statt überquellende Gefäße des lebendigen Wassers zu sein, werden sie so „tote Meere" oder religiöse Sümpfe mit brackigem Wasser, das den Tod bringt.

Es gibt einen gesunden christlichen Mystizismus. Das ist die enge persönliche Gemeinschaft mit Gott, durch die wir seine Stimme im Wort hören, in der Stille seine Größe vor Augen geführt bekommen und seiner Liebe teilhaftig werden. Diese Form der Anbetung – des Einzelnen oder in der Gemeinschaft – ist unabdingbar für ein Wachstum im Glauben, bei dem wir Führung und Leitung erfahren. „Bleibt in mir", lautete das Gebot unseres Herrn (Johannes 15,4), und dem sollten wir gehorchen.

Die Bibel, die uns auffordert, durch den Vorhang des Tempels zu schreiten, fordert uns auch auf, hinauszugehen aus dem Lager und unsere Schmach zu tragen (s. Hebräer 10,19; 13,13). Unser Ausruhen vor Gott ist Vorbereitung auf den Weg durchs Todestal. Wir empfangen, um zu geben. Wir dürfen uns seiner Liebe freuen, um sie an andere auszuteilen. Jedes Erleben vertiefter Glückseligkeit aber, das uns von einer Welt in Not isoliert, ist nur schöner Schein, der uns gefährlich werden kann.

Was wir dringend brauchen, ist Ausgewogenheit. Wir sollten uns nicht von unserer Vergangenheit abschneiden, aber auch nicht in längst vergangenen Zeiten leben. Wir brauchen die Ermutigung durch die biblische Prophetie, doch sie muss einen Bezug zu unserem täglichen Leben haben. Wir brauchen mehr stille Zeit für die Gemeinschaft mit Christus, um uns so für einen expandierenden Dienst im Reich Gottes zu stärken. Wohin wir uns auch wenden – vorwärts, rückwärts oder nach innen –, immer sollen wir uns die entscheidende Frage stellen: Befähigen mich die Erkenntnisse, die ich so gewinne, zu einem wirkungsvolleren Dienst für Gott in der Welt?

Vernachlässigen wir die Gegenwart nicht! Gott redet und handelt heute! Heute, jetzt haben wir die Gelegenheit, uns zu entscheiden, andere Menschen im Namen Christi zu lieben und ihnen zu dienen. Wenn wir heute etwas Sinnvolles zustande bringen wollen, brauchen wir die Bereicherung aus der Vergangenheit, die Klarheit über die Zukunft und die Ermutigung aus der Gemeinschaft mit dem Herrn, die wir heute pflegen.

Selig sind die Ausgewogenen!

# 6

# Ein für alle Mal entschieden

Ein Landwirt litt an einem schweren Hautausschlag. Er suchte einen Facharzt auf und unterzog sich zahlreichen Tests. Schließlich teilte der Arzt ihm mit: „Sie werden Ihren Hund weggeben müssen. Sie reagieren allergisch auf ihn.“ Beim Verabschieden fragte der Arzt: „Werden Sie Ihren Hund verkaufen oder verschenken?“

„Weder noch“, antwortete der Patient. „Ich werde einen weiteren Arzt konsultieren, um dessen Meinung zu hören. Es ist leichter, einen anderen Arzt zu finden als einen guten Jagdhund.“

Wir schmunzeln wahrscheinlich über diese Geschichte. Aber das Verhalten dieses Landwirts ist ein schönes Bild für einen Charakterzug unserer menschlichen Natur. Wir suchen uns immer den bequemeren Weg. Und das ist oft die zweite Meinung, die wir einholen, statt den Tatsachen ins Auge zu sehen und zu tun, was getan werden muss. Wir sind wie der Lastwagenfahrer, den beim Fahren ein undefinierbares Motorgeräusch störte. Um es zu übertönen, löste er einfach ein paar Schrauben am Kotflügel, sodass dieses Geräusch das erste übertönte.

Bei medizinischen Problemen ist es manchmal ratsam, eine zweite Meinung zu hören. Doch im geistlichen Bereich kann das sehr unklug sein. Wenn Gott sich zu einem Thema geäußert hat, dann gilt das ein für alle Mal. Es gibt keine höhere Instanz, die uns einen noch weiseren Rat erteilt. Alle Rechtsmittel sind ausgeschöpft. „So spricht der Herr!“ – Das ist die höchste Instanz und der weiseste Rat.

Das Bedürfnis, noch eine zweite Meinung zu hören, war der Anfang von Bileams Untergang. (Wenn Sie sich an die Geschichte nicht mehr erinnern, dann lesen Sie 4. Mose 22–24.) Gott hatte Bileam klar und deutlich zu verstehen gegeben, was er tun und sagen sollte. Zunächst gehorchte er auch Gottes Gebot. Aber König Balak wusste, wie er Bileam beeinflussen konnte. Immer wieder nötigte ihn der König, die Situation von einem anderen Standpunkt aus zu betrachten. Jedes Mal, wenn Bileam Israel gesegnet hatte, führte Balak ihn an einen anderen Ort, um so doch noch zu einem anderen Resultat zu kommen.

Erst durch Evas Interesse, eine zweite Meinung zu hören, geriet Adam in die Fallstricke der Sünde, wodurch die ganze Menschheit mit Sünde, Tod und Verdammnis geschlagen wurde. „Du kennst nur die eine Seite der Medaille“, sagte Satan zu Eva. „Und vielleicht stimmt es gar nicht, was du gehört hast. Gott hat dir verschwiegen, dass dieser Baum dich klug machen wird, sodass du wie Gott bist.“ Unsere Ureltern fielen auf die zweite Meinung herein. Das war die Katastrophe für die Menschheit.

Mark Twain hat einmal gesagt: „Nicht das, was mir in der Bibel unverständlich bleibt, beschäftigt mich, sondern das, was ich verstehe.“ Wenn wir den Willen Gottes, der uns in seinem Wort offenbart wird, begriffen haben, dann brauchen wir keine zweite Meinung dazu zu hören. In unserer Verantwortung liegt es, zu akzeptieren, was Gott uns sagt, dafür dankbar zu sein und bereitwillig zu gehorchen. Wenn wir die uns aufgetragenen Pflichten erst noch überdenken wollen und nach einer weiteren Meinung Ausschau halten, dann begeben wir uns in Gefahr. Satan sorgt immer dafür, dass sich uns ein verkehrter Weg öffnet. Er wird eine Zeit lang parallel zu dem guten Weg verlaufen, um uns so in falscher Sicherheit zu wiegen.

Man begegnet immer wieder unentschlossenen Christen, die auf der Suche nach dem Willen Gottes von Pastor zu Pastor wandern. Tatsächlich wollen diese geistlichen Schmetterlinge aber gar nicht wirklich den Willen Gottes hören. Sie wollen nur noch weitere Meinungen hören und den Pastor oder Bibellehrer finden, der ihnen nach dem Mund redet. Meist haben sie sich bereits festgelegt, was sie tun werden, ein geistlicher Leiter soll ihnen nur noch den Rücken stärken und den Segen dazu geben.

Eine der traurigsten Geschichten in der Heiligen Schrift ist die vom ungehorsamen Propheten (s. 1. Könige 13). Gott hatte einen Mann beauftragt, dem übel gesinnten König Jerobeam eine Botschaft zu überbringen und sich dann so schnell wie möglich aus dem Staub zu machen. Mit keinem sollte er das Mahl teilen. Unglücklicherweise machte der Prophet Rast unter einer Terebinthe, und so holte ihn der Versucher ein – in der Gestalt eines verlogenen, alten Propheten – und verführte ihn zur Sünde. Dieser Ungehorsam kostete den jungen Propheten das Leben. Als er den Willen Gottes überdachte und sich eine zweite Meinung dazu anhörte, verließ er den Pfad des Segens und verspielte sein Leben.

Wir halten es für gut, zu Gottes Willensäußerungen noch eine zweite Meinung einzuholen. Statt uns seinem Willen zu beugen, überprüfen und beurteilen wir ihn, als würde Gott auch Fehler machen. Oder wir meinen, selbst einen Fehler gemacht zu haben, sodass wir das Ganze noch von einem anderen Standpunkt aus betrachten müssen. So schwingen wir uns zum Richter über Gottes Willen auf. Dazu hat er uns nicht berufen. Er erwartet von uns, seinen Willen zu tun.

Ich möchte keinesfalls die von einem Gotteswort überraschten Gläubigen davon abhalten, den geistlichen Rat gereifter Christen einzuholen. Wir alle wissen aus Erfahrung den Rat wahrhaft gläubiger Freunde zu schätzen. Es gilt dabei, unsere Motive sorgfältig zu prüfen. Befrage ich meinen Freund, weil ich wirklich seinen Rat suche oder weil ich hoffe, dass er irgendein Schlupfloch für mich finden wird, durch das ich kriechen kann?

Als Jesus dem reichen Jüngling sagte, er solle all seinen Besitz verkaufen und sich ihm anschließen, ging er traurig fort. Die Bibel berichtet uns nicht, wohin er sich begab. Aber ich könnte mir vorstellen, dass er einen Rechtsgelehrten aufsuchte, um von ihm zur Beruhigung seines Gewissens eine weitere Meinung einzuholen. Der Hohe Rat der Juden hörte sich die Botschaft der Apostel an und untersuchte das Wunder, durch das ein Lahmer wieder gehen konnte. Aber er sperrte sich gegen die Wahrheit. Die Priester suchten den Gelehrten Gamaliel auf, um eine weitere Meinung zu hören. Einen schlechteren Rat hätte Gamaliel ihnen gar nicht geben können: „Wartet ab!" Und während sie warteten, ging das Heil an ihnen vorüber.

General Omar Bradley hat einmal gesagt: „Im Krieg gibt es keinen Preis für den, der als zweiter ins Ziel kommt." Auf unser Thema übertragen, heißt das: „Im christlichen Leben gibt es keinen Preis für den, der zweimal fragt, bevor er Gottes Willen tut." Was wir „geistliche Bedachtsamkeit" nennen, entpuppt sich allzu oft als Ausrede für unseren Ungehorsam gegenüber Gott. Gott mag uns gewähren lassen, den Preis dafür müssen wir aber auf jeden Fall bezahlen. „Da erfüllte er ihnen ihre Bitte, und er sandte Schwindsucht in ihre Seele" (Psalm 106,15). Sie bekamen, was sie wollten, doch hinterher bedauerten sie es sehr.

Als David in der Höhle lagerte, verlangte ihn nach einem Schluck Wasser aus dem Brunnen von Bethlehem. Er erteilte keinen Befehl, sondern seufzte nur. Doch zwei der Soldaten standen ihrem König so nahe, dass sie spürten, was er sich wünschte. Sie schlichen sich durch die feindlichen Linien, schöpften Wasser und brachten es David. Wenn wir Christen doch auch solch eine enge Beziehung zu unserem Herrn hätten, dass schon seine geringsten Wünsche einen brennenden Eifer in unseren Herzen entflammten!

Wenn es unser Herzenswunsch ist, unserem Herrn zu folgen, weil wir ihn lieben, dann zögern wir nicht und holen nicht erst eine zweite Meinung ein. Und die Worte unseres Erlösers werden in unseren Herzen Widerhall finden: „Dein Wohlgefallen zu tun, mein Gott, liebe ich; und dein Gesetz ist tief in meinem Innern“ (Psalm 40,9).

# 7

## Meine Zeit – deine Zeit – wessen Zeit?

Vor einigen Jahren hat ein Begriff Einzug in unser evangelikales Vokabular gehalten. Es ist das Wort „zeitgemäß". Man hört von „zeitgemäßer" Musik, vom „zeitgemäßen" Predigtstil und von „zeitgemäßer" Anbetung. Vor allem ältere Christen sind dadurch verunsichert und fragen sich, ob sie denn selbst noch „zeitgemäß" sind.

Nach meinem Verständnis bedeutet „zeitgemäß", dass etwas eine typische Erscheinung einer bestimmten Zeit ist. Seit einigen Jahren jedoch scheint „zeitgemäß" darüber hinaus auch zu bedeuten: „nicht traditionell, modern, nicht angestaubt". Diese Definition aber gefällt mir gar nicht. Nehmen wir zum Beispiel „zeitgemäße" Musik. Jede Generation hat ihre eigene Zeit. Welche dieser „Zeiten" ist einer bestimmten Musik gemäß? In manchen Familien leben drei, wenn nicht gar vier Generationen. In wessen Zeit passt die Musik? Ist es die Musik meines Vaters, meines Sohnes oder ist es meine Musik? Wir leben ja alle zur selben Zeit.

Man spricht heute vom zeitgemäßen Gottesdienst, von der zeitgemäßen Anbetung. Ich habe an solchen Gottesdiensten auch schon mitgewirkt, aber ich bin nicht innerlich erbaut nach Hause gegangen. Was war so zeitgemäß an diesen Veranstaltungen?

Statt der Kanzel hatten wir einen Notenständer vor uns. Die Orgel blieb stumm, dafür wurden Klavier und Gitarre gespielt. Statt aus dem Gemeindeliederbuch sangen wir Chorusse vom Overheadprojektor. Der Chorleiter stand nicht vor den Sängern, sondern nahm auf einem Hocker Platz und unterhielt uns mit lockeren Sprüchen. Alles war leger und unkonventionell. Doch ich konnte nicht recht erkennen, was daran nun „zeitgemäß" war. Wer bestimmt, was welcher Zeit gemäß ist?

Als wir uns in der Straßenevangelisation engagierten, setzten wir Gitarren ein und manchmal eine kleine, tragbare Orgel, nicht um uns der Zeit anzupassen, sondern weil es unmöglich war, ein Klavier oder eine Orgel durch die Stadt zu schleppen. Warum sollte eine Gemeinde ihren Gottesdienst nicht frischer gestalten? Aber ist das dann gleich „zeitgemäßer"? Wenn ein Pastor seine Verkündigung anregender gestalten will und vielleicht sogar im Dialogstil predigt, gibt es keine biblische Aussage, die dem widerspricht. Ist das aber „zeitgemäß"? *Und wessen Zeit gemäß?*

Ich meine, dass wir oft neue Moden mit Wandel verwechseln. Und indem wir uns „zeitgemäß" geben, vertuschen wir unser Unvermögen, beides zu unterscheiden. Veränderungen um der Veränderung willen werden immer nur Modetrends hervorbringen, die wir dann als zeitgemäß anpreisen. Solche Erscheinungen haben keinen Bestand. Veränderungen, die wir herbeiführen, um ein bestimmtes Ziel besser zu erreichen, bedeuten jedoch Fortschritt. Und den brauchen wir eigentlich immer. Tragisch an dieser Jagd nach dem Zeitgeist ist, dass sie uns daran hindert, die wahren Krankheitssymptome in der Gemeinde zu diagnostizieren und die richtige Medizin dafür zu finden. Wir rücken Möbel in einem Haus, dessen Wände einzustürzen drohen.

Es war immer schon Aufgabe der Gemeinde, der jeweils lebenden Generation zu dienen. Um diese Aufgabe gut zu erfüllen, muss man wissen, was die Menschen denken, wonach sie suchen und welche Autoritäten sie respektieren. Das bedeutet aber nicht, dass wir uns der Welt anpassen müssen, um gehört zu werden. Identifikation mit der Welt und ihren Nöten ist etwas anderes als Imitation der Welt mit ihren Torheiten. Die Pharisäer verschreckten die Sünder durch ihre scheinheilige Frömmigkeit, während Jesus die Sünder durch sein Mitleid und seine aufrichtige Anteilnahme zu sich zog. Campbell Morgan sprach davon, dass die Gemeinde das meiste für die Welt täte, wenn sie ihr am wenigsten ähneln würde. Damit hatte er recht.

Die meisten Christen werden zugeben, dass auch sehr moderne Musik durchaus eine Botschaft vermittelt und längst nicht immer schrill sein muss. Schließlich waren die guten, alten Glaubenslieder, die die ältere Generation so liebt, auch einmal neu und wurden kritisiert! Wir sollten keineswegs alles Neue ablehnen und das Alte glorifizieren. Wir wollen aber auch nicht Gefahr laufen, jede neue Mode mit Fortschritt zu verwechseln und Nachahmung für kreativen Wandel zu halten. Kein Missionswerk und keine Gemeinde kann es sich leisten, zu einem Museum zu werden, das die Vergangenheit zu bewahren sucht. Aber genauso wenig können wir es uns erlauben, uns wie ein Chamäleon immer den Strömungen der Zeit anzupassen.

Die Wurzeln unseres christlichen Dienstes reichen tief in die Vergangenheit, ob wir das wahrhaben wollen oder nicht: Schöpfung, Abrahams Berufung, die Verkündigung des Gesetzes, Tod und Auferstehung Christi, die Ausgießung des Heiligen Geistes – auf all das gründet sich unser Dienst. Doch seine Früchte müssen für uns heute reifen, um die Bedürfnisse der Menschen von heute zu stillen. Und in den Früchten von heute befindet sich der Same für die Früchte, die es morgen zu ernten gibt, sodass unser Dienst auch für die Zukunft fruchtbar ist. Unser christliches Engagement für den Menschen ist zeitlos wie auch zeitspezifisch. Wir sind wie der getreue Haushalter, der aus seinem Schatz „Altes und Neues hervorbringt" (Matthäus13,52).

Wir sollten also das Wort „zeitgemäß“ nur verwenden, wenn wir genau wissen, was wir damit meinen. Der Missbrauch dieses Wortes bringt nur Probleme mit sich. Es gilt deshalb zu unterscheiden zwischen wahrem Fortschritt und belanglosen Modetrends. Mich schmerzt es, wenn christliche „Showmaster“ ohne Tiefgang unser geistliches Erbe im Namen „zeitgemäßer“ Evangelisation verächtlich machen. Wenn die junge Generation von den älteren Geschwistern erwartet, dass sie ihre Ausdrucksformen der Anbetung akzeptieren, dann sollten zugleich die jungen Menschen das geistliche Erbe zu schätzen lernen, das uns Älteren so ans Herz gewachsen ist.

Das, was die Menschen für zeitgemäß und modern halten, kann sich allzu leicht als kurzlebige Zeiterscheinung herausstellen. Und das ist eine ständige Gefahr.

# 8

# Stille Zeit – was braucht man mehr?

Im Laufe der Jahre haben mich Menschen mehr zum Thema „Stille Zeit“ befragt als zu irgendeinem anderen Bereich des christlichen Lebens. Die meisten von uns haben mehr oder weniger konkrete Vorstellungen, was ein persönliches Zeugnis ist, was Gemeindemitgliedschaft, was Geben und was Dienen bedeuten. Sobald jedoch von der Stillen Zeit, von der täglichen Andacht, die Rede ist, sind viele ratlos, weil sie damit nicht wirklich etwas anfangen können.

Mir ging es genauso, als ich Christus mein Leben übergeben hatte. Ich wusste, dass ich eigentlich jeden Tag die Bibel lesen, beten und anbeten sollte. Aber ich hatte keine rechte Vorstellung, wie ich das anfangen sollte. Dankbar bin ich Christen, die mich danach freundlich an die Hand nahmen und mich unterwiesen. Während meines ersten Studienjahres am Predigerseminar teilte ich mein Zimmer mit einem jungen Mann, der sehr diszipliniert seine tägliche Stille Zeit einhielt. Sein Vorbild machte mir Mut.

Die wichtigste Frage zu diesem Thema lautet: Warum überhaupt ist die Andacht so wichtig für ein Leben als Christ? Warum sollen wir uns tagtäglich Zeit nehmen, Gottes Wort zu lesen, Gott anzubeten und mit ihm zu reden? Eins gibt es zunächst klarzustellen: Wir suchen nicht deshalb die Stille, weil es eine Pflicht ist. Andacht ist vielmehr Chance und geschenkte Gelegenheit. Wenn die tägliche Stille Zeit von Ihnen als Pflichtübung angesehen wird, haben Sie ihr den Segen genommen, und sie wird für Sie schnell zu einer Last. Manche Christen haben viel häufiger Schuldgefühle wegen ihres undisziplinierten Gebetslebens als wegen irgendwelcher anderen persönlichen Probleme.

Die Zeit, die wir mit Christus im Wort und im Gebet verbringen, sollte uns Freude machen. Niemals sollten wir sie als lästige Pflicht über uns ergehen lassen. Stellen Sie sich einen jungen Mann vor, der frisch verlobt ist und seufzt: „Heute Abend muss ich mich schon wieder mit meiner Braut treffen und Zeit mit ihr verbringen." Oder stellen Sie sich ein Kind vor, das schreit und weint, weil die Großeltern ihren Besuch angekündigt haben!

Zwei Erkenntnisse haben mich immer wieder vor einem nachlassenden Interesse an der Stillen Zeit bewahrt. Mir ist klar geworden, *wie man Zugang zu einer oft verborgenen Wirklichkeit findet* und *worauf es in Beziehungen ankommt.* Die materielle Welt um uns herum scheint die reale Welt zu sein. Das ist aber nicht so. „Die Welt vergeht", schreibt Johannes (1. Johannes 2,17). Und Paulus erinnerte die Korinther daran, dass „das Sichtbare ... zeitlich, das Unsichtbare aber ewig" ist (2. Korinther 4,18). A. W. Tozer hat uns mehrfach daran erinnert, dass die Welt der Bibel die reale Welt ist. Und wenn man Stille Zeit mit dem Herrn verbringt, tritt man in Kontakt zu dieser Realität und erfährt, was wirklich zählt und Bestand hat.

Man stellt dabei auch eine Beziehung her. Und diese ist wiederum so erbauend, dass unser Charakter geschult und unsere Bereitschaft zum Dienst gestärkt werden. Jesus sagt eindeutig: „getrennt von mir könnt ihr nichts tun" (Johannes 15,5). Wenn wir in Christus bleiben, werden wir Frucht bringen zu seiner Ehre. Die Beziehung zu Jesus Christus ist die wichtigste persönliche Beziehung, die Sie in Ihrem Leben haben. Alles andere ist dann nur noch ein Produkt dieser persönlichen Nähe. Wenn Sie sich vergegenwärtigen, was Ihr Bedürfnis nach Andacht und Stille für Christus bedeutet, so wird Sie das ermutigen. Er sehnt sich nach der Gemeinschaft mit Ihnen. Er möchte sich Ihnen mitteilen. Wenn Jesus Christus nur ein paar Häuser von Ihnen entfernt wohnen würde und seine Tür für Besucher immer offen stünde, würden Sie dann nicht ganz regelmäßig die paar Schritte gehen und ihn besuchen? In Wahrheit ist er Ihnen noch viel näher!

Die tägliche Stille Zeit ist natürlich auch für Sie persönlich von Bedeutung. Wir alle brauchen sie. Wie würde unser tägliches Leben wohl aussehen, wenn wir es versäumten, den Tag vor Gott zu beginnen?

Vielleicht ist uns noch gar nicht bewusst geworden, dass sich unsere tägliche Stille Zeit auch auf andere Menschen auswirkt. Sie hilft, umgänglicher und freundlicher zu sein. Eine Familie, die zusammen betet, rückt näher zusammen. Anbetung in der Gemeinschaft ist besonders segensreich, wenn jeder Einzelne etwas beizutragen hat. Dazu muss allerdings jeder auch für sich allein Zeit mit dem Herrn verbringen.

Wenn der Priester im Alten Testament den Weihrauch zum Altar trug – was nach Psalm 141,2 ein Bild für das Gebet ist –, dann haben seine nächsten Angehörigen das sicherlich gemerkt, denn der Weihrauchduft haftet länger an den Kleidern. Wenn wir uns täglich Zeit nehmen, dem Herrn zu begegnen, werden andere das mitbekommen, weil es Spuren in unserem Leben hinterlässt.

Wie gehen wir also vor, um uns an ein Gebetsleben zu gewöhnen, das uns aufbaut und erfüllt? Wir wissen inzwischen, dass diese tägliche Begegnung mit dem Herrn für uns selbst und für andere von Bedeutung ist. Welche Schritte müssen wir dazu aber tun? Dabei haben mir zwei Begriffe geholfen: „Gewohnheit" und „Systematik".

In unserer angeblich so freien Gesellschaft hat das Wort „Gewohnheit" einen negativen Klang bekommen, weil es oft mit Gesetzlichkeit gleichgestellt wird. Ich aber danke Gott für so manche lieben Gewohnheiten. Sie helfen mir den ganzen Tag über, Zeit und Energie zu sparen. Wir alle haben zudem feste

Gewohnheiten – Waschen, Essen, Zahnpflege und ein Dutzend anderer Beschäftigungen. Dennoch sagt uns keiner nach, Gefangener unserer eigenen Gesetzlichkeit zu sein. Viele Entscheidungen am Tag treffen wir aus Gewohnheit. Wir überlegen dabei nicht lange, sondern handeln spontan.

Ist es Ihnen zu einer festen Gewohnheit geworden, täglich Zeit mit dem Herrn zu verbringen, dann ist die Schlacht schon fast gewonnen. Ich weiß nicht, welche Zeit für Sie hierfür am geeignetsten ist. Ich selbst fange gern den Tag mit dem Herrn an. Ein Schichtarbeiter bevorzugt vielleicht eine andere Zei. Mütter, die schon früh am Morgen zusehen müssen, dass ihre Kinder zur Schule kommen, haben die Erfahrung gemacht, dass die Stille Zeit stiller ist, wenn sich der morgendliche Tumult gelegt hat. Jeder muss für sich persönlich den richtigen Zeitpunkt finden. Versuchen Sie nicht, die großen Glaubensmänner und -frauen zu imitieren, die sehr früh morgens aufgestanden sind und Stunden im Gebet verbracht haben. Diese Gewohnheit ist für Ihren Lebensrhythmus möglicherweise völlig ungeeignet.

Neben Gewohnheit brauchen Sie aber auch ein System. Für Menschen, die die Bibel irgendwo aufschlagen und das gefundene Wort als Botschaft deuten, wird die Bibel leicht zu einem Zauberbuch. Würden Sie irgendein anderes Buch auf diese Weise lesen? Die Menschen, die immer nur ihre Lieblingsstellen lesen, begehen einen ähnlich schweren Fehler. Beide Gruppen berauben sich der ganzen Fülle des Gotteswortes. Die ganze Schrift ist inspiriert. Die ganze Schrift dient uns. Und wir Menschen sind angehalten, von jedem Wort Gottes zu leben (s. Matthäus 4,4).

Auch beim System müssen Sie in Verbindung mit dem Herrn herausfinden, welches für Sie das beste ist. Dennoch will ich Ihnen hier ein paar Anregungen geben. Ich selbst lese die Bibel fortlaufend durch. Das macht mir Freude. Dabei beginne ich parallel mit 1. Mose, Psalm 1 und Matthäus 1. Ich schaffe dabei nicht immer mehrere Kapitel am Tag, denn zuweilen hält mich der Geist bei einem Vers oder Abschnitt fest. Im Großen und Ganzen aber halte ich mich an mein System. Auf diese Weise habe ich einen ausgewogenen Zugang zu verschiedenen Teilen der Schrift und bekomme nicht das Gefühl, nur mühselig voranzukommen.

Es gibt sehr gute Bibellesepläne. Bitten Sie Ihren Pastor oder Buchhändler, Ihnen einen zu empfehlen.

Doch nicht nur unsere Bibellektüre sollte systematisch sein, sondern auch unser Gebetsleben. Viele Gemeinden hängen wöchentlich Listen mit Gebetsanliegen aus, sodass die Mitglieder systematisch in der Fürbitte füreinander eintreten können. Darin werden auch die Missionare in der Welt mit eingeschlossen. Ich benutze mehrere Gebetslisten, die von verschiedenen christlichen Werken herausgegeben werden. Was meine persönlichen Anliegen betrifft, so habe ich sieben Listen – eine für jeden Tag der Woche. Dazu führe ich eine aktuelle Tagesliste. Von Zeit zu Zeit gehe ich die Einträge durch. Und was für eine Freude ist es jedes Mal, wenn man hinter das eine oder andere Anliegen „Erhört!“ schreiben kann.

Auch hier gilt: Sie müssen nicht genauso vorgehen wie ich oder andere Christen. Was immer Sie aber tun – gehen Sie systematisch vor! Wenn Sie sich an die Gebetslisten halten, so bedeutet dies ja nicht, dass Sie sich dem Geist verschließen und nicht mehr offen sind für besondere Anliegen. Durch die Listen wird Ihr Gebetsleben präzise und vor allem konkret und verhindert Floskeln wie etwa: „Herr, segne alle Missionare.“ Schließlich bekommen Sie dadurch auch einen ziemlich genauen Überblick über Ihre eigenen geistlichen Aktivitäten. Die Tatsache, dass einige engagierte Christen, die mir begegnet sind, sich eines solchen Systems segensreich bedient haben, ist mir Bestätigung, dass es hilfreich ist. Je älter ich werde, desto öfter erlebe ich, dass mir mein Gedächtnis einen Streich spielt. Ich habe erkannt, dass ich Gebetsanliegen aufschreiben muss, da ich sie sonst vergesse.

Es gibt selbstverständlich auch Gefahren, die wir beim Organisieren unseres Gebetslebens unbedingt vermeiden müssen. Die größte Gefahr besteht darin, dass Gewohnheit und systematisches Vorgehen zur Routine werden. Unser Gebetsleben mag nach außen lebendig erscheinen, aber in Wirklichkeit tot sein. Es kann leicht geschehen, dass wir die vorgeschriebenen Bibelstellen lesen und unsere Gebetsanliegen durchbeten, ohne davon innerlich angerührt worden zu sein. Gewohnheit ohne Herz wird schnell zur Routine. Diese Gefahr lauert auf uns in allen Lebensbereichen. Gerade die Ehe ist davon häufig betroffen. Das sollte uns aber nicht abhalten, mit unseren geistlichen Übungen fortzufahren.

Eine Möglichkeit, unsere Stille Zeit vor dem Abgleiten in die Routine zu bewahren, besteht darin, dass wir sie ganz bewusst als Teil einer lebendigen Beziehung wahrnehmen. Man liest ja nicht in irgendeinem Buch oder betet irgendwelche Anliegen herunter, sondern sucht durch die Schrift und durch das Gebet die persönliche Beziehung zum lebendigen Gott. Gestalten Sie die Stille Zeit so persönlich wie möglich, und bewahren Sie sich das Gefühl großer Vertrautheit mit Ihrem Gegenüber. So wird die Gefahr eingedämmt, dass die Freude am Herrn verlorengeht und die erste Liebe erkaltet. Seien Sie immer offen und ehrlich im Umgang mit Gott. Vermeiden Sie Lippenbekenntnisse. Stehen Sie dazu, wenn Sie müde und abgespannt sind oder Kopfschmerzen haben und es Ihnen deshalb schwerfällt, über Gottes Wort nachzusinnen. Unser Herr weiß es und geht verständnisvoll darauf ein.

Wenn Ihnen Ihre Lieblingsübersetzung der Bibel so vertraut geworden ist, dass sie Ihnen die Aussagen darin nicht mehr mit ausreichendem Nachdruck vermittelt, dann sollten Sie Ihren Pastor bitten, Ihnen eine andere zu empfehlen. Ich selbst habe im Laufe der Jahre schon oft meine King-James-Bibel durchgelesen. Immer wieder habe ich aber auch auf verlässliche moderne Übersetzungen zurückgegriffen. Das war für mich jedes Mal eine Bereicherung.

Hüten Sie sich aber davor, aus Ihrer Stillen Zeit eine „geistliche Olympiade“ zu machen! Es gibt keinen Preis dafür, wenn man eine bestimmte Zahl von Bibelversen zu lesen schafft oder so viele Gebetsanliegen wie möglich durchzubeten versucht. Die Heiligung ist ein Prozess, der seine Zeit benötigt. Das bedeutet auch, dass wir das Wort Gottes gut „durchkauen" sollten, anstatt es hastig zu verschlingen wie einen Hamburger am Schnellimbiss. Wenn zwei Liebende Zeit miteinander verbringen, dann schauen sie nicht auf die Uhr oder zählen die Worte ihrer Unterhaltung.

Wenn Sie Andachtsbücher lesen, dürfen diese niemals als Ersatz für die Bibel herhalten. Ich habe schon oft erlebt, dass ich morgens in meiner Bibel genau das Wort las, das ich später am Tag bitter nötig hatte. Wie oft hat Gott mir den Weg gewiesen, wie oft hat er Entscheidungen bestätigt, Warnungen ausgesprochen und Verheißungen gewährt, wenn ich es wirklich nötig hatte. Unser himmlischer Vater weiß, was Sie brauchen. Und wenn Sie ihn gewähren lassen, wird er Tag für Tag durch sein Wort zu Ihnen reden und Sie wissen lassen, wie er Ihre Anliegen erfüllen will.

Neben der Routine und dem Versuch, Höchstleistungen zu erbringen, besteht noch die Gefahr, aus unserer persönlichen Andacht ein Bibelstudium zu machen. Jeder gläubige Christ braucht zwar das intensive Studium im Wort, wobei er sich der besten zur Verfügung stehenden Hilfsmittel bedienen sollte. Aber in die Andacht gehören keine Kommentare, Konkordanzen und Synopsen. Es ist gewiss kein Fehler, wenn Sie sich eingehender mit einer Stelle beschäftigen, die Sie nicht gleich verstehen. Aber das ist nicht das Hauptanliegen der Stillen Zeit.

Ich beschäftige mich mehrere Stunden in der Woche mit dem Studium der Schrift, aber während meiner Stillen Zeit lese ich nur die Bibel und nehme sie so auf, als würde mein himmlischer Vater ganz persönlich zu mir sprechen. Ich bitte den Heiligen Geist, mich in die Wahrheit zu leiten, die ich an diesem Tag begreifen soll. Wenn ich dabei auf einen Abschnitt stoße, den ich für eine Predigt verwenden könnte, dann notiere ich mir zwar die Stelle, verwende aber auf keinen Fall die Stille Zeit für meine Predigtvorbereitungen. Selbst eine so gute Sache wie ein neuer

Predigtentwurf kann mich auf Abwege führen, dass meine persönliche Beziehung zum Herrn darunter leidet.

Wenn Sie anfangen, regelmäßig Ihre Stille Zeit zu haben, und dabei systematisch vorgehen, werden Sie bald aus Erfahrung wissen, was der Herr von Ihnen erwartet. Wenn Sie aber Probleme haben, sollten Sie geistlich reife Geschwister aus Ihrer Gemeinde befragen oder mit Ihrem Pastor darüber sprechen. Völlig neue und unbekannte geistliche Probleme gibt es wohl kaum noch. Und so wird es bestimmt jemanden geben, der die Antwort für Sie hat.

Wenn Sie merken, dass Sie allmählich immer nachlässiger mit Ihrer Stillen Zeit umgehen, so bekennen Sie es dem Herrn und fangen Sie neu an. „Das siegreiche Leben mit Christus", sagte einmal Alexander Whyte, „ist eine Serie von immer neuen Anfängen." Im Laufe von Wochen und Monaten aber werden Sie ein weises Herz bekommen haben, und Ihr Leben wird so bereichert worden sein, dass Sie nur noch selten Ihre Stille Zeit ausfallen lassen.

David sehnte sich nach Gott, wie ein verdurstendes Wild in der Wüste nach Wasser lechzt. Jakob wollte den Herrn um keinen Preis ohne einen Segen ziehen lassen. Mose bat um das Vorrecht, die Herrlichkeit Gottes zu sehen. Und selbst unser Herr Jesus Christus stand schon früh am Morgen auf, um im Gebet Zeit mit seinem Vater zu verbringen. Wenn schon der vollkommene Sohn Gottes es nötig hatte, jeden Tag aufs Neue das Angesicht des Vaters zu suchen, wie viel mehr sind wir darauf angewiesen!

Die Stille Zeit bietet uns die großartige Gelegenheit, dem Herrn Freude zu bereiten. Dies lässt uns charakterlich im Glauben reifen, sodass wir viel wirkungsvoller all jenen helfen können, die uns brauchen. Wenn wir uns wie Maria in Bethanien Zeit nehmen und uns zu Jesu Füßen setzen, wählen wir das bessere Teil, das uns niemand mehr nehmen kann (s. Matthäus 10,42).

# 9

# Täter des Wortes

Ich bin neulich auf ein Zitat gestoßen, das mich sehr nachdenklich stimmte. Was mich dabei bewegt hat, möchte ich im Folgenden gerne darlegen. Das Zitat stammt von einem Puritaner, dem Prediger und Autor Thomas Manton (1620–1677). Er sagte: „Wie kommt es, dass so viel gepredigt und doch so wenig gehandelt wird? Der Grund dafür ist ein Mangel an Nachsinnen."

Es wird unter uns Gläubigen wohl niemand bestreiten, dass noch nie so viel gepredigt wurde wie heute. In Kirchen und Gemeinden, im Radio und Fernsehen, auf Glaubenskonferenzen, in Hausbibelkreisen und zu vielen anderen Gelegenheiten wird Gottes Wort verkündigt. Wer dem zustimmt, der wird aber auch zugeben müssen, dass sich ein tiefer Graben aufgetan hat zwischen der Wortverkündigung und der praktischen Anwendung des Wortes im täglichen Leben. Bibelstellen werden angestrichen, die Schreibhefte füllen sich mit geistlichen Notizen und Predigtaufnahmen werden herumgereicht. Aber aus irgendeinem Grund schlägt sich die Kraft des Gotteswortes nur wenig in den Entscheidungen und Aktivitäten unseres täglichen Lebens nieder.

Manton scheint schon damals den Nagel auf den Kopf getroffen zu haben: Wir nehmen uns nicht die Zeit, darüber nachzusinnen, was uns verkündigt wurde. Die Wahrheit landet in unseren Ringbüchern, vielleicht sogar in unseren Köpfen, aber unsere Herzen erreicht sie kaum. Was für den Körper die Verdauung ist, ist für die Seele das Nachsinnen, das Nachdenken. Wer immer nur Nahrhaftes zu sich nimmt, ohne es zu verdauen, der wird allmählich daran zugrunde gehen.

Manchmal frage ich mich, ob unsere Beschäftigung mit dem Wort nicht dem Treiben in einem Fast-Food-Restaurant ähnelt. Wir besuchen geistliche Veranstaltungen und Kurse; wir hören den Theologen zu, schlucken all die mundgerechten Bissen und eilen anschließend gleich zum nächsten Termin. Wir nehmen uns keine Zeit, um nachzudenken, zu verarbeiten, infrage zu stellen, Zusammenhänge zu erkennen und die praktischen Bezüge zu finden. Die Folge ist, dass zwischen Lernen und Leben eine gewaltige Lücke klafft.

Unsere Geschwister in Kanada und Großbritannien haben einen schönen Brauch entwickelt, der genau das zum Ausdruck bringt, was ich meine. Wenn die Predigt vorüber ist, die Gemeinde das Schlusslied gesungen und den Segen empfangen hat, nehmen alle Gottesdienstbesucher wieder Platz, um das Erlebte und Gehörte noch einmal auf sich wirken zu lassen. Es wird also noch Zeit zum Nachdenken und zur inneren Sammlung gegeben.

Wir müssen erkennen: Heiligung ist ein Prozess, der Zeit braucht. Viele lassen sich von der Hektik der Evangelisationen und Konferenzen mitreißen und versäumen es dann, das empfangene Wort Gottes innerlich zu verarbeiten. Wir sind stolz auf unsere gefüllten Bücherregale und auf viele Predigtaufzeichnungen. Wir sind regelmäßige Gottesdienstbesucher, können wir aber entsprechende Resultate aufweisen? Kultivieren wir einen Fast-Food-Glauben, wo wir uns doch Zeit für unsere Heiligung nehmen sollten?

Eines Tages zwangen mich körperliche Beschwerden, eine Reihe von Veranstaltungen abzusagen und mich zu Hause auszukurieren. Ich musste eine dreiwöchige Zwangspause einlegen. Etwas Besseres hätte mir gar nicht passieren können. Auch wenn ich mich schonen musste, Medikamente einzunehmen hatte und zwei Ärzte aufsuchen musste, so hatte ich doch genügend Zeit, um Bücher zu lesen und nachzudenken. Außerdem konnte ich ausgiebig beten. Ich halte auch sonst meine Stille Zeit, aber das war doch eine ganz andere Erfahrung. Gott hatte die Notbremse gezogen, sodass ich in aller Ruhe die geistliche Nahrung verdauen konnte, die er mir zuvor gegeben hatte.

Ich frage mich manchmal, ob es zu viele Aktivitäten in unseren Gemeinden gibt. Lassen wir den Menschen noch genug Zeit zur Andacht und inneren Sammlung? Müssen unsere Ankündigungen für die Woche immer so lang sein? Wozu gibt es eigentlich den Gemeindebrief? Müssen wir wirklich von Veranstaltung zu Veranstaltung hetzen wie Menschen, die die Furcht umtreibt, sie würden rosten, wenn sie rasten?

Vielleicht haben Sie schon die Geschichte von jenem Naturforscher gehört, der einen besonders dichten Teil des Dschungels zu durchqueren hatte und dabei keine Rast einlegen wollte. Doch seine einheimischen Träger weigerten sich irgendwann weiterzugehen. „Wir sind zu schnell gegangen“, erklärten sie. „Wir müssen hier warten, bis unsere Seelen den Körper wieder eingeholt haben.“ Das ist wahrhaftig keine schlechte Begründung für eine Ruhepause!

Wahrscheinlich sind wir uns der Gefahr gar nicht recht bewusst, die immer vorhanden ist, wenn wir uns mit Bibelwissen vollstopfen, das nicht in unser Innerstes vordringt. Wir halten Wissen für Spiritualität und Aktivismus für geistlichen Dienst. Wir begnügen uns also mit Ersatzhandlungen. Thomas Manton schrieb: „Das Wissen ist des Studiums Ziel, die Praxis aber ist die Folge der Andacht.“ Faktenwissen über die Bibel bedeutet noch nicht, zur Erkenntnis der Wahrheit vorgedrungen zu sein, sie verinnerlicht zu haben und dann auszuleben.

Wir sind nicht immer in der Lage, Ablauf und Inhalt unserer Gottesdienste mitzubestimmen. Aber was wir mit dem dort Gehörten anfangen, ist durchaus nicht unserer Kontrolle entzogen. Würde ich in einer Durchschnittsgemeinde am Ende eines Gottesdienstes sitzen bleiben, um in aller Ruhe noch einmal über das Erlebte nachzudenken, käme sicher jemand zu mir, um mich zu fragen, ob es mir nicht gut gehe. Wie würde es sich auf unseren christlichen Lebenswandel auswirken, wenn wir nach dem Gottesdienst schweigend und nachdenklich nach Hause führen, statt das Autoradio anzuschalten oder die neu erworbene CD anzuhören? Was wäre, wenn wir, zu Hause angekommen, erst einmal ein paar Minuten in der Stille vor Gott verbringen würden, statt uns gleich auf die Zeitung zu stürzen oder den Fernseher anzuschalten?

Übertreibe ich? Vielleicht. Die Lage aber ist so ernst, dass wir Maßnahmen ergreifen müssen. Selbst die ungläubige Welt bedient sich heute verschiedenster Meditationstechniken, und man legt viel Geld auf den Tisch, nur um zu lernen, wie man zur Ruhe und Besinnung kommt. Der glückselige Mann aus Psalm 1 nahm das Gesetz Gottes ernst, indem er Tag und Nacht darüber sann. Sieben Mal ist in Psalm 119 davon die Rede, dass der Beter über das Wort nachdenkt und seine Freude daran hat.

„Dieses Buch des Gesetzes soll nicht von deinem Mund weichen“, sagt der Herr zu Josua, „und du sollst Tag und Nacht darüber nachsinnen. damit du darauf achtest, nach alledem zu handeln, was darin geschrieben ist“ (Josua 1,8). Die Brücke zwischen Lernen und Leben ist die Meditation – das Gebet, das Nachsinnen und die Anwendung des Wortes auf unser eigenes Leben. Das ist der einzig sichere Weg zu geistlichem Wohlergehen und zu einem wahrhaft gesegneten Leben.

# 10

# Die Kraftquelle

Charles Haddon Spurgeon wurde nach dem Geheimnis seines Dienstes gefragt, worauf der große Prediger gelassen antwortete: „Meine Leute beten für mich."

Zweifellos waren noch andere Faktoren für Spurgeons Erfolg verantwortlich. Er war ein eifriger Forscher in der Bibel, ein begnadeter Redner und ein Mann, der sich ganz dem Dienst am Wort verschrieben hatte. Gott hatte ihn für einen ganz außergewöhnlichen Dienst ausersehen, und Spurgeon war sich dieser göttlichen Berufung durchaus bewusst. Doch ohne das Gebet hätten all die anderen Faktoren wenig zum Erfolg beitragen können.

„Der Verkünder des Wortes, der nicht eifrig für sein Werk betet, muss ein erfolgloser Mann bleiben, der mehr von sich hält, als er ist", erklärte Spurgeon seinen Theologiestudenten. „Er handelt so, als genüge er sich selbst, sodass er sich an Gott gar nicht wenden müsse." In seiner Predigt über „das kürzeste Gebet des Petrus" („Herr, rette mich!") sagt Spurgeon: „Ich habe bereits das Gefühl, dass etwas nicht stimmt, wenn ich nur eine halbe Stunde des Tages ohne Gebet verbringen soll." Er lebte und arbeitete in stetiger Gemeinschaft mit Gott. Deshalb trägt sein Dienst auch heute noch Frucht.

Es war tatsächlich so, dass seine Getreuen für ihn beteten. Während Spurgeon im großen *Metropolitan Tabernacle* Gottes Wort verkündete, trafen sich Hunderte von Gemeindegliedern im unteren Saal zum Gebet. Und ich bin überzeugt, dass auch unter denen, die ihm gerade zuhörten, viele für ihn beteten.

Ich möchte die Christen von heute ermuntern, für ihre Prediger und all die anderen Diener des Wortes Gottes zu beten. Durch Gebete wird die Kraft Gottes in einem geistlichen Dienst sichtbar. Die akademische Brillanz oder der große Erfahrungsschatz eines Menschen reichen nicht aus, um einen geistlichen Erfolg zu garantieren. Vernachlässigen wir deshalb das Gebet nicht!

Wir sollten auch für unsere Verkündiger beten, wenn sie das Wort studieren und sich auf ihre Predigten vorbereiten. Spurgeon äußert sich dazu: „Texte verschließen sich manchmal und wollen ihren Schatz nicht preisgeben, bis wir sie mit dem Schlüssel des Gebetes öffnen." Erst das Mittragen im Gebet macht aus dem Arbeitszimmer des Pastors ein Kraftwerk. Seine Predigt wird nur trockener Zunder sein, solange sie nicht durch das Gebet der Christen Feuer fängt.

Deshalb sollten wir auch für den Prediger beten, während er das Wort verkündigt. Wer einmal gepredigt hat, weiß, dass diese Tätigkeit viel Kraft abverlangt. Einer meiner Professoren am Predigerseminar behauptete immer, dass ein feuriger Prediger in 30 Minuten so viel Energie verbraucht wie ein Arbeiter in acht Stunden. Das erfordert viel Kraft! Wenn man bedenkt, dass dazu auch noch die stetigen Attacken Satans hinzukommen, wird sehr klar, wie dringend der Prediger bei seiner Verkündigung die Unterstützung durch das Gebet braucht.

Doch nicht nur für seinen Dienst braucht ein Prediger dringend die Hilfe durch das Gebet. Ein Diener Gottes, der an vorderster Front kämpft, ist ständigen Angriffen und Versuchungen ausgesetzt, wie es sich die Gemeindeglieder kaum vorstellen können. Die Menschen in den Gemeinden können sich in Lebenskrisen an ihren Pastor wenden. Zu wem aber geht der Pastor? Wo findet er Stärkung und Ermutigung, wenn es Schwierigkeiten gibt? Für ihn ist nichts tröstender als die Gewissheit, dass andere für ihn beten. Und wenn sich dann noch die Erhörung solcher Gebete in seinem Leben niederschlägt, ist das für ihn besonders stärkend.

Der Pastor ist aber ebenso auf das Gebet für seine Familie angewiesen. Wenn die Gemeindeglieder doch so oft für die Pastorenfamilien beten würden, wie sie sie kritisieren! Wenn Menschen mir erzählen: „Wir beten für dich und deine Familie", ist mir das eine große Hilfe. Auch die Familie eines Pastors ist nicht vollkommen. Im Haus eines Predigers müssen besondere Probleme überwunden und Opfer gebracht werden, die in den vier Wänden der anderen Gemeindeglieder niemals eine Rolle spielen. Nur mit Gebet werden diese besonderen Herausforderungen bewältigt.

Ein betender Pastor mit einer betenden Gemeinde bilden eine Gemeinschaft, die Kräfte freisetzt. Zweifellos wird Satan nichts unversucht lassen, das zu verhindern. Und auch das muss unser Gebetsanliegen sein! Es ist die geistliche Waffe des anhaltenden Gebets, gegen die Satan nichts ausrichten kann (s. Epheser 6,18).

So wichtig besondere Gebetsveranstaltungen in der Gemeinde auch sein mögen, gilt es vor allem, die regelmäßigen Gebetsstunden zu gestalten, dass sie etwas bewirken können. Es hat wenig Sinn, frühmorgens ein paar übermüdete Leute zu versammeln, wenn wir noch nicht einmal an einem Wochenende genügend Teilnehmer zusammenbekommen. Wenn eine Gemeinde die Segnungen einer Erweckung erleben möchte, dann sollten Pastor und Gemeindeglieder erst einmal die festgesetzten Gebetsstunden nutzen. Dann wird der Geist schon dahin führen, besondere Fürbittgottesdienste abzuhalten. Ein erweiterter Veranstaltungskalender ändert von sich aus noch nicht den Charakter einer Gemeindearbeit.

Was die Gemeinde heute wieder besonders braucht, ist die Fürbitte. Es fehlen uns Menschen, die konkret beten. Es reicht nicht, dass wir durch ein pauschales „Herr, segne die Gemeinde“ unser Gewissen beruhigen. Wir brauchen Christen, die sich nicht schämen, zielgerichtet zu beten, auch für sich selbst. Wenn selbst der große Apostel Paulus betonte, auf das Gebet seiner Brüder angewiesen zu sein, dann sind wir es doch erst recht. Die Tatsache, dass wir unsere diesbezügliche Bedürftigkeit oft gar nicht mehr wahrnehmen, macht eins deutlich: Wir brauchen das Gebet dringender, als wir es bisher angenommen haben.

„Geliebte Brüder“, sagte Spurgeon zu seinen Studenten, „lasst uns beten. Wir haben nicht alle einen geschliffenen Geist, aber wir können alle beten; wir können nicht alle Führer und Leiter sein, aber wir alle können für andere eintreten; nicht alle können wortgewaltig reden, aber alle können wir treu im Gebet sein. Mir ist es jedenfalls wichtiger, dass ihr euch vor Gott beredter ausdrücken könnt als vor den Menschen.“ Wenn jeder Christ, der diese Worte liest, sein eigenes Gebetsleben überdenkt und sich entschließt, mit Gottes Hilfe ein treuer Beter zu werden, dann werden wir die Kraft Gottes in unseren Gemeinden und Familien, aber auch im Leben des Einzelnen erfahren. Wenn wir treu für all jene beten, die in leitenden Funktionen tätig sind, werden wir erleben, welche großen Taten Gott auf dieser Erde vollbringen will. Wir brauchen heute nichts dringender als Männer und Frauen des Gebets. Wollen Sie dazugehören?

# 11

# Hätte ich doch Flügel ...

In einem Augenblick größter Verzweiflung und Entmutigung rief König David aus: „Hätte ich doch Flügel wie die Taube, ich wollte hinfliegen und ruhen“ (Psalm 55,7). David war in einer derart verzweifelten Lage, dass er alles hinter sich lassen wollte. Das haben wir alle sicherlich auch schon erlebt, aber zugleich auch erfahren, dass wir vor den Problemen und Lasten des Lebens nicht davonlaufen können.

Wenn sich die großen Konflikte im Leben ankündigen, dann stellen Sie sich ihnen, versuchen Sie sie zu Ihrem Vorteil zu nutzen und überwinden Sie sie erfolgreich durch den Glauben an Gott. Flüchten Sie nicht vor den Stürmen. Erheben Sie sich einmal hoch in die Lüfte, um über sich hinauszuwachsen. Statt Gott um Taubenflügel für die Flucht zu bitten, sollten Sie sich lieber Adlerflügel wünschen! „Die auf den HERRN hoffen, gewinnen neue Kraft; sie heben die Schwingen empor wie die Adler, sie laufen und ermatten nicht, sie gehen und ermüden nicht“ (Jesaja. 40,31).

Wenn wir in schwierige Situationen geraten, beten wir: „Vater, hilf mir heraus!“ Wenn dann nicht sofort etwas geschieht, beten wir: „Vater, wann komme ich da wieder heraus?“ Doch wir sollten ganz anders beten: „Was soll ich daraus lernen?“ Prüfungen haben einen Sinn. Und Tage, an denen uns die Dinge über den Kopf zu wachsen scheinen, sind voller Lehrstunden für geistliche Dinge, die wir sonst nicht lernen würden.

„Die Enge meines Herzens mache weit, und führe mich heraus aus meinen Bedrängnissen!" (Psalm 25,17). David hatte große Angst. In einer Zeit schwerster Prüfungen hatte er Gottes Rat und Führung bitter nötig. Wahrscheinlich wurde Psalm 25 in der Zeit verfasst, als Saul David nachstellte und ihn zu töten suchte.

Warum lässt Gott es überhaupt zu, dass wir in solche Angst machenden Situationen geraten? Wir sollten doch annehmen, dass sich unser Vater im Himmel nichts sehnlicher wünscht als unser Wohlbefinden und unsere Unversehrtheit. Dem ist nicht so! Gott hat uns niemals ständiges Wohlbefinden versprochen. Versprochen hat er allerdings, uns umzugestalten, uns zu formen. Das Ziel unseres Vaters im Himmel ist es, uns „dem Bilde seines Sohnes gleichförmig" zu machen (Römer 8,29). Um das zu erreichen, gebraucht er auch das Leid. Sogar unser Herr Jesus lernte Gehorsam durch Leid.

Die „große Angst" ist aber immer nur der erste Schritt. Darauf folgt nämlich ein zweiter: „In Bedrängnis hast du mir Raum gemacht" (Psalm 4,2). Angst und Bedrängnis kann Heilige hervorbringen, die sich in einem weiten Lebensraum entfalten können. Ich sage ausdrücklich „kann", weil aus Schwierigkeiten nicht automatisch Menschen hervorgehen, die den vom Herrn geschaffenen Freiraum auch nutzen. Ich habe immer wieder Christen erlebt, die dem Feuerofen als geistliche Winzlinge entkamen – mit eng begrenzten Erwartungen, mit kleinem Glauben und einem schwachen Einsatz. Saul und David sind zwei Beispiele dafür, wie unterschiedlich sich solch eine Prüfung auswirken kann. Saul war körperlich ein Hüne, aber geistlich ein Zwerg. Und seine Erfahrungen in der Schlacht engten seinen Lebensraum immer mehr ein. Es gibt keinen Beleg dafür, dass auch David ein stattlicher Mann war. Geistlich aber war er ein Riese. Wie ist er das geworden? Angst und Bedrängnis weiteten seinen Horizont nur deshalb, weil er Gott vertraute.

Wie wir uns in schwierigen Situationen verhalten, entscheidet mit darüber, wie lange Gott sie zulassen wird. Wenn Gott aber zulässt, dass Sie durchs Feuer gehen, dann wird die Uhr und das Thermometer ständig in seinem Blick sein. Er weiß, wie viel Sie aushalten können und wie lange die Prüfung andauern darf. Dabei beobachtet er uns genau, denn er will wissen, ob die Prüfung auch wirklich voll und ganz ihren Zweck erfüllt.

Angst kann Heilige mit einem erweiterten Horizont hervorbringen. Wie sieht der nächste Schritt aus? „Und er führte mich heraus ins Weite" (Psalm 18,20). Durch die Prüfung befreit Gott aus der Angst – der Enge –, und nun kann er den Heiligen mit seinem erweiterten geistlichen Horizont auch im Leben hinaus ins Weite führen.

Alle Großen des Glaubens waren Männer und Frauen, die auf die eine oder andere Weise Leid erdulden mussten. Josef lebte 13 Jahre lang als ein von allen vergessener Sklave, weil Gott ihn so auf große Aufgaben vorbereitete. Gott muss uns auf das vorbereiten, was er für uns bereits vorbereitet hat. Und zu dieser Vorbereitung gehört auch die Glut des Feuerofens.

Jetzt begreifen wir auch, warum David so viele Stürme zu überstehen hatte. Gott hatte ihn dazu ausersehen, einen weiten Raum einzunehmen, und dafür musste David wachsen. Wäre seine Bitte um die „Flügel einer Taube" erfüllt worden und wäre er aus dem Sturm davongeflogen, wäre all das Leiden zuvor umsonst gewesen. Und unvorbereitet hätte er nicht die großartige Gelegenheit bekommen, ein Diener Gottes zu werden. Statt der Taubenflügel bekam er die Schwingen eines Adlers. Damit flog er dem Sturm entgegen, und der konnte ihm nichts anhaben.

Es bleibt noch ein weiterer Schritt zu tun: „Du schaffst Raum meinen Schritten unter mir, und meine Knöchel haben nicht gewankt" (Psalm 18,37).

Ein weiter Raum kann gefährlich werden, wenn wir nicht lernen, uns darin an der Seite Gottes zu bewegen. Davids Knöchel wankten nicht wie Sauls, weil David in den Jahren der

Prüfung geistlich gewachsen war. David wusste, wie er mit großen Schritten sicher auf den Herrn zugehen konnte, um ihm zu dienen.

Wenn Sie Ihren Weg im Glauben gehen wollen, dann müssen Sie lernen, sicheren Fußes auszuschreiten, denn je raumgreifender Ihre Schritte werden, desto eher werden Sie auch mit Hindernissen und Schwierigkeiten zu rechnen haben. Das Volk Israel versäumte es, sein Erbe anzutreten, weil es zu engstirnig dachte. Eine ganze Generation musste in der Wüste erst erzogen und diszipliniert werden, damit ein ganzes Volk die innere Größe erlangte, die für größere Privilegien und Aufgaben nötig war. Am Ende des 40-jährigen Lernprozesses war endlich eine neue Generation darauf vorbereitet, mit Feuereifer die Einnahme Kanaans in Angriff zu nehmen und das Erbe anzutreten.

Es waren nun Menschen mit einer weiten Sicht für den weiten Raum, den sie einnehmen durften.

Es gibt im Grunde keine Ausnahme für diese göttliche Regel. Wer gewagte Schritte in einem weiten Land tun will, der muss in diese Aufgabe hineingewachsen sein. Und das wird nur geschehen durch Gottvertrauen in Prüfungen, die unsere Grenzen berühren. Die großen Männer und Frauen Gottes haben selten spontane Wunder erlebt. Alle mussten ihre Adlerflügel mühevoll erlangen. Ich möchte nicht durchmachen, was sie ertragen haben. Gott aber hat sie niemals aus den Augen gelassen, und schließlich konnte er sie gebrauchen, um seine großen Pläne zu verwirklichen.

Wir sind zu einer wichtigen Erkenntnis gelangt: Offenbar gehört es zu unserem Leben mit Gott, dass wir uns unsere Adlerschwingen verdienen müssen. Es gibt keine Titel „ehrenhalber“ im Lebenskampf. Der Aussteiger bekommt seine Taubenflügel, der Gewinner aber erhält die Adlerschwingen.

An dieser Stelle möchte ich noch ein Wort des Trostes hinzufügen: Niemand, der einmal versagt hat, muss im Versagen stecken bleiben! Selbst David versuchte zunächst, sich aus dem

Staub zu machen. Das hat ihm jedoch nicht auf Dauer geschadet. Gott hat sich seiner angenommen und ihm den rechten Weg gezeigt, sodass er wieder ein offenes Ohr für Gottes Stimme bekam. So konnte David doch noch aufsteigen wie ein Adler.

Die meisten erfolgreichen Prediger, die ich kenne, waren alles andere als kühne Gottesmänner, als sie ihren Dienst begannen. Viele von ihnen werden zugeben, dass sie zuweilen sogar daran dachten, das Handtuch zu werfen. Aber Gott konnte ihnen irgendwann ihre Adlerschwingen verleihen, und sie haben gelernt, über den Stürmen ihre Kreise zu ziehen. Statt sich von den Windböen umhertreiben zu lassen, verstehen sie es nun, diese für ihre Ziele auszunutzen. Nun können sie aus Erfahrung und Bewährung anderen zeigen, wie man sich in den Stürmen des Lebens seine Flügel verdient.

Jeder sollte den „weiten Raum", den Gott ihm schafft, nutzen. Gott sucht Menschen, die hierfür genug innere Größe besitzen. Wollen Sie einer von ihnen sein?

# 12

# Im Schmelzofen des Lebens

Jeder von uns wird irgendwann in seinem Leben in Situationen geraten, die für ihn schwere Prüfungen sind. Nur wenn wir uns mit dieser Tatsache abfinden, werden wir über die Umstände herrschen.

Es gibt verschiedene Bilder, mit denen man solche schweren Zeiten vergleicht. Wir sagen zum Beispiel zu einem Freund: „Es ist ein Kampf, den ich durchzustehen habe." Oder wir sagen: „Unsere Familie erlebt zurzeit einen schweren Sturm."

Das anschaulichste Bild für schwere Prüfungen im Leben ist wohl immer noch das vom Feuerofen. „Der Schmelztiegel für das Silber und der Ofen für das Gold; aber ein Prüfer der Herzen ist der HERR" (Sprüche 17,3). Der reiche Salomo kannte sich mit Gold und Silber aus, aber er kannte auch das Leben. Er wusste, dass Gott die Seinen zuweilen der Glut des Feuerofens aussetzt, um sie zu prüfen und zu reinigen. Wir wollen einige dieser Feuerproben des Lebens näher betrachten und uns vom Herrn Mut zusprechen lassen, damit wir in schweren Zeiten bestehen können.

# Leid als Feuerprobe

„Denn er [Gott] kennt den Weg, der bei mir ist", sagte Hiob, als er mitten in der Asche saß. „Prüfte er mich, wie Gold ginge ich hervor" (Hiob 23,10).

Nach unserem Herrn Jesus Christus hat wohl niemand in der Bibel mehr gelitten als Hiob. Zuerst verlor er all seinen Reichtum, dann seine Kinder, seine Gesundheit und schließlich den Trost durch seine Frau und seine Freunde. Er saß ganz allein in der Asche und hörte seinen Freunden zu, die seinen Fall völlig falsch einschätzten. Sie versuchten zu beweisen, dass er ein Sünder im Verborgenen war, der nun von Gott bestraft wurde.

Ihre Theorie lautete, dass Gott die Gerechten immer mit Gesundheit und Wohlstand segnet, die Bösen aber straft, indem er sie leiden lässt.

Gott lässt durchaus körperliches Leid zu, um seine Kinder zu erziehen. Das bedeutet aber keinesfalls, dass jedes Leid, das in der Familie Gottes vorkommt, eine Bestrafung ist. Gott kann ganz anderes im Sinn haben, wenn wir Leid als eine Feuerprobe erfahren. Josef hatte 13 Jahre lang viel zu erleiden. Aber er wurde nicht etwa auf die Probe gestellt, weil er ungehorsam gewesen wäre. Auch Jeremia und Paulus mussten viel Leid ertragen. Doch sie litten, weil sie Gott gehorchten und nicht, weil sie eigene Wege gingen.

Hiob begriff schließlich die Bedeutung seines Leidens. Gott läuterte ihn, um, bildlich gesprochen, die Schmelze von Verunreinigungen zu befreien. Hiob sollte aus dem Feuerofen heraustreten, „rein wie pures Gold".

Niemand von uns ist glücklich im Leid. Leid als Feuerprobe ist nichts, worum wir inständig bitten und was wir freudig erwarten. Und doch geht es manchmal nicht ohne Kummer und Schmerz. Müssen wir einmal hinein in das lodernde Feuer, so sollten wir es wie Hiob im Glauben tun und dem Vater fest vertrauen, dass er damit seine Pläne in unserem Leben verwirklicht. Es ist besser, durch das Feuer zu gehen und geläutert wie pures

Gold herauszukommen, als billiger Tand zu bleiben, mit dem der himmlische Vater nichts anzufangen weiß.

## Lob als Feuerprobe

„Der Schmelztiegel für das Silber und der Ofen für das Gold, und ein Mann wird beurteilt nach seinem Ruf" (Sprüche 27,21).

Dieses schlichte Wort kann unterschiedlich ausgelegt und angewandt werden. So warnt es uns davor, all den Komplimenten und Schmeicheleien zu glauben, die andere uns sagen. „Du solltest lieber die Komplimente der Leute in den Feuerofen tun", meint Salomo hier, „und damit alles Wertlose verbrennen. Sonst glaubst du eines Tages noch, was die Leute sagen, und das macht stolz und treibt zur Sünde."

Es gibt aber noch eine weitere Auslegung und Anwendung dieses Spruches: Wie Menschen auf Lob reagieren, zeigt ihren wahren Charakter. Lob kann also auch eine Feuerprobe sein. Es kann das in uns zum Vorschein bringen, was in uns steckt – Gutes oder Böses.

Denken wir an Saul und David. Wenn sie aus ihren Schlachten zurückkehrten, lief ihnen eine jubelnde Menschenmenge entgegen. „Saul hat Tausende erschlagen", sangen sie, „David aber Zehntausende!" Saul reagierte darauf mit Eifersucht und Neid und plante sogar, David zu töten. Saul endete schließlich durch Selbstmord auf dem Schlachtfeld, während David gesegnet wurde und eines Tages den Thron besteigen konnte.

Wie wir mit Kritik umgehen, hängt entscheidend davon ab, wie wir auf Lob reagieren. Wenn wir auf Lob mit Bescheidenheit antworten, dann wird Kritik uns anspornen. Werden wir aber durch Lob überheblich, dann kann Kritik uns tief erschüttern, und wir enden in der Niederlage.

Dr. Martyn Lloyd-Jones warnte junge Prediger: „Es endet meistens traurig, wenn ein Mann Erfolg hat, ehe er darauf vorbereitet ist." Ich habe Christen erlebt, die wirklich Grund zum Prahlen gehabt hätten, sich aber damit zufrieden gaben, dass allein Gott Bilanz zieht und den Lohn bereithält. Solche Menschen haben die Feuerprobe des Lobes bestanden, und sie sind gereinigt wie pures Gold daraus hervorgegangen – allein zur Ehre Gottes.

## Verfolgung als Feuerprobe

„Geliebte, lasst euch durch das Feuer der Verfolgung unter euch, das euch zur Prüfung geschieht, nicht befremden, als begegne euch etwas Fremdes" (1. Petrus 4,12). „... damit die Bewährung eures Glaubens viel kostbarer befunden wird als die des vergänglichen Goldes, das durch Feuer erprobt wird, zu Lob und Herrlichkeit und Ehre in der Offenbarung Jesu Christi" (1. Petrus 1,7).

Petrus wusste, wovon er schrieb. Ständig musste er mit Verfolgung rechnen. Als sie ihn dann ganz persönlich traf, war er keineswegs überrascht, denn der Herr hatte seine Jünger auf diese Feuerprobe vorbereitet.

„In der Welt habt ihr Bedrängnis; aber seid guten Mutes, ich habe die Welt überwunden" (Johannes 16,33). Je mehr wir unser eigenes Leben am Lebenswandel Jesu Christi ausrichten, desto eher müssen wir damit rechnen, wie er behandelt zu werden. „Alle aber auch, die gottesfürchtig leben wollen in Christus Jesus, werden verfolgt werden" (2. Timotheus 3,12).

Wenn ein Christ Verfolgung erlebt, dann ist dies im Grunde ein Kompliment für ihn. Wehe dem Christen, der sich mit der Welt arrangiert und von ihr gelobt wird! Schadrach, Meschach und Abed-Nego hätten sich dem Willen des Königs fügen können, und der Feuerofen wäre ihnen damit erspart geblieben. Sie aber gehorchten lieber dem Herrn.

„Gott prüft uns, indem er uns auf die Probe stellt", sagte der Puritaner Henry Smith. „Der Teufel prüft uns durch

Versuchung, und die Welt prüft uns durch Verfolgung." Verfolgung ist immer ein Zeichen dafür, dass die Gläubigen der Welt unbequem werden. „Wenn die Welt euch hasst", sagte Jesus einmal, „so wisst, dass sie mich vor euch gehasst hat" (Johannes 15,18).

Petrus schreibt uns, dass die Verfolgung mehr Segen als Lasten mit sich bringt, so schwer es auch fällt, sie durchzustehen. Wir leiden für unseren Herrn Jesus; und das ist ein Privileg. „Denn euch ist es im Blick auf Christus geschenkt worden, nicht allein an ihn zu glauben, sondern auch für ihn zu leiden" (Philipper 1,29). Es ist eine großartige Sache, identifiziert zu werden mit der „Gemeinschaft seiner Leiden" (Kapitel 3, Vers 10)!

Oftmals schafft Gott den gerechten Ausgleich nicht sofort. Die Welt verfolgt die Gemeinde, und häufig scheint sie der Sieger zu sein. Einmal aber wird Gott die Welt richten und die Gemeinde verherrlichen. Auch im Leben des einzelnen Christen kann Gott Leid in Segen verwandeln, aus einem Verfolgten kann er einen gekrönten Sieger machen.

## Strafe im ewigen Feuer

Es ist bemerkenswert, dass unser Herr hier auf der Erde ausführlicher über die Hölle sprach als über den Himmel. Er verglich die Hölle mit einer Müllhalde vor den Toren Jerusalems, „wo ihr Wurm nicht stirbt und das Feuer nicht erlischt" (Markus 9,48). Ein Ort des Schreckens ist sie, weit entfernt von Gott.

„Es gibt keine Hölle", sagen die liberalen Theologen. „Ein Gott der Liebe würde niemanden ins ewige Höllenfeuer schicken!" Aber es ist gar nicht Gott, der die Menschen in die Hölle schickt. Sie schicken sich selbst. Die Hölle war ursprünglich für Satan und seine Engel bestimmt, nicht aber für Menschen nach Gottes Bild. Wer aber Satan folgt und seinen Lügen glaubt, muss dort enden, wo er enden wird – in der Hölle.

Gäbe es Golgatha nicht, wäre die Hölle ein schlimmer Makel für Gottes heiliges Wesen. So aber hat Gott den Sündern einen Fluchtweg eröffnet, auf dem sie der Hölle entrinnen können. Dieser Weg ist sein Sohn Jesus Christus. Er hat für die verlorene Welt das Feuer der Hölle am eigenen Leib erduldet. Er ist durch die tiefste Finsternis gegangen. Er identifizierte sich mit den Sünden der Welt – ja, er wurde für uns zur Sünde gemacht, damit wir von der ewigen Verdammnis errettet werden.

Weil es diese Hölle gibt, sind wir Geretteten verpflichtet, die Verlorenen vor dem kommenden Zorn Gottes zu warnen. Von D. L. Moody wird berichtet, dass er niemals in seinen Predigten ohne Tränen in den Augen über die Hölle predigte. Gott hat uns ausgesendet, um Zeugen zu sein. Wir sollen nicht als Ankläger auftreten. Freuen wir uns also nicht hämisch darüber, dass Menschen in die Hölle gehen. Tun wir lieber etwas dagegen!

Gottes Kinder haben zwar Feuerproben zu bestehen, aber das Feuer der ewigen Strafe bleibt ihnen erspart. „Also gibt es jetzt keine Verdammnis für die, die in Christus Jesus sind" (Römer 8,1).

Wir brauchen uns also nicht vor den Feuerproben dieses Lebens zu fürchten, denn Gott hat alles in seiner Hand und sorgt dafür, dass alle seine großartigen Pläne in Erfüllung gehen. Trachten wir mehr danach, Zeugen Jesu zu sein, zu beten und freigiebig auszuteilen, damit auch andere dem Höllenfeuer entgehen.

Wenn Sie bisher Christus noch nicht Ihr Vertrauen geschenkt haben, dann sollten Sie ihn jetzt in Ihr Leben aufnehmen. Er ist der einzige Erlöser, aber er wird Sie nur dann erlösen können, wenn Sie sich ihm anvertrauen und ihm Ihr Leben öffnen. „... so viele ihn aber aufnahmen, denen gab er das Recht, Kinder Gottes zu werden, denen, die an seinen Namen glauben" (Johannes 1,12).

# 13

# Lauter Einzelkämpfer

In einer Gesellschaft, in der vor allem Zahlen beeindrucken, vergessen wir leicht, wie wichtig der einzelne Mensch ist. Schließlich ist es der Einzelne, der die Arbeit tun muss.

Die biblischen Geschichten sind voll von diesen Beispielen. Um die verlorene Welt zu erlösen, berief Gott Abraham und Sara – zwei Einzelpersonen – und trieb damit sein großes Erlösungswerk voran, das in der Geburt Jesu seinen vorläufigen Höhepunkt fand. Als Gott die Israeliten aus der Knechtschaft befreite, versammelte er nicht etwa ein ganzes Heer. Er rief einen einzelnen Menschen – Mose – und gebrauchte ihn, um sein Volk zu befreien. Auch für die Eroberung des verheißenen Landes hatte Gott seinen Führer bereits vorbereitet: Josua, den Sohn Nuns.

Selbstverständlich kann niemand solche großen Aufgaben allein bewältigen. Die Menschen, die dem von Gott vorbereiteten Führer helfen, sind genauso wichtig. Vielleicht werden ihre Leistungen nicht in der Öffentlichkeit gewürdigt, aber das schmälert die Rolle solcher Diener Gottes nicht. Es sind aber einzelne Personen, die die Arbeit tun – seien es Leiter oder Zuarbeiter. Gott braucht den einzelnen Menschen für sein Werk.

Auch große Gemeinden setzen sich aus Einzelpersonen zusammen, die letztlich die Arbeit tun. Es ist nicht die ganze

Gemeinde. Das bedeutet, dass das Zeugnis eines Mitgliedes in einer kleinen Gemeinde genauso wichtig ist wie das in einer großen Gemeinde. Vielleicht ist es sogar wichtiger, weil in der kleinen Gemeinde viel weniger Helfer sind, die mit anpacken können.

Wo man Aufgaben organisiert, kommt es immer wieder zu der Fehleinschätzung, dass mit einer gemeinsam gefällten Entscheidung die Aufgabe bereits erledigt und der Erfolg garantiert ist. Das ist aber keineswegs so! Das Parlament verabschiedet zwar ein Gesetz, aber damit sind noch keine Änderungen herbeigeführt. Jemand muss die Räder zum Laufen bringen und das Gesetz durchsetzen. Und das tun wieder Einzelpersonen. Eine Gemeinde mag einen Evangelisationseinsatz beschließen, damit ist sie aber längst noch keine evangelisierende Gemeinde, die tatsächlich Menschen gewinnt. Der Plan muss in die Tat umgesetzt werden, und das können wieder nur Personen, die zum Einsatz bereit sind.

Unterschätzen Sie niemals den Einfluss einer einzelnen Person. In Bethanien brachte Maria dem Herrn ihre Gabe in der Privatsphäre eines Hauses dar. Trotzdem sprach Jesus davon, dass von diesem Akt der Anbetung überall auf der Welt die Rede sein wird. Sein geistlicher Einfluss reichte weit über den Ort des Geschehens hinaus (s. Markus 14,9). Deshalb ist auch Ihr Gebet im stillen Kämmerlein oder der Einsatz einer noch so kleinen Ortsgemeinde nicht ohne Einfluss auf Gottes weltweites Erlösungswerk.

Ich fürchte manchmal, dass unser ständiges Streben nach Größe und Superlativen so manchem Gläubigen das Gefühl gibt, als Einzelner nichts wert zu sein. Ich höre immer wieder, dass Mitglieder ihre kleine Gemeinde in der Nachbarschaft verlassen, um sich den großen, zentralen Gemeinden anzuschließen, in denen „etwas los ist“. Das mag für den Augenblick das Selbstwertgefühl heben, aber die größeren Entfaltungsmöglichkeiten hätten sie wahrscheinlich in ihrer kleinen Gemeinde gehabt.

Auf meinen Reisen begegne ich oft Pastoren, die eine neue Stellung suchen, weil sie das Gefühl haben, zu wenig zu erreichen. „Ich bin Pastor einer kleinen Gemeinde“, so stellen sie sich oft vor. Meine Antwort lautet: „Es gibt keine kleinen Gemeinden und keine großen Prediger! Jeder Ort, an dem Christus geehrt und das Wort treu verkündigt wird, ist ein bedeutender Ort. Die Aufgabe, mit der er Sie betraut hat, ist für Sie immer die wichtigste in der ganzen Welt. Bleiben Sie dabei!“

Niemand kennt den Namen jenes Laienpredigers, dessen stammelnde Verkündigung den jungen Charles Spurgeon zu Christus geführt hat. Die Folgen aber waren beeindruckend. Ich könnte mir denken, dass jener Laienprediger nach dem Gottesdienst nach Hause ging und bedauerte, es überhaupt versucht zu haben. Doch Gott gebrauchte diesen einzelnen Menschen, um einen anderen anzurühren. Und dieser andere Mensch war von Gott dazu ausersehen, unendlich vielen zum Segen zu werden. Hör nicht auf, das Wort zu predigen, hör nicht auf, das Wort zu lehren, mein Bruder! Du bist wichtig im Heilswerk des Herrn und deine Mühe wird nicht umsonst sein.

Die Urgemeinde bewältigte ihre Aufgabe ohne die vielen modernen Transportwege und Kommunikationsmedien, die uns heute für die Verkündigung des Evangeliums zur Verfügung stehen. Wie haben sie das erreicht? Jeder Christ legte sein ganz persönliches Zeugnis ab. Wir lesen zwar in der Apostelgeschichte, dass Petrus und Paulus zu den Massen predigten. Wir erfahren aber auch, dass Christen, deren Namen wir nicht kennen, in Scharen hinausgingen, von Ort zu Ort zogen und das Evangelium in persönlichen Gesprächen bezeugten. Die Kirchenhistoriker weisen immer wieder darauf hin, dass das Römische Reich nicht allein durch die Anstrengungen der bekannten Missionare und Apostel für Christus eingenommen wurde, sondern auch durch das persönliche Zeugnis der vielen Gläubigen, die es im Alltag bezeugten.

Nun schließt sich der Kreis. Wir sind wieder bei der wichtigen Rolle des Einzelnen. Und damit sollten Sie sich ganz persönlich angesprochen fühlen! Gott hat eine wichtige Aufgabe auch für Sie. Vielleicht erscheint Ihr Name niemals gedruckt in einer Zeitschrift oder in einem Buch, vielleicht noch nicht einmal in einem Gemeindebrief. Aber Gott behält Sie im Gedächtnis und wird Sie entlohnen. Ihre Verantwortung ist es, treu zu sein; und Ihr Vorrecht ist es, ihm die Ehre zu geben und ihn zu erfreuen.

Edward Everett Hale hat einmal gesagt: „Ich bin nur einer, aber immerhin einer. Ich kann nicht alles tun, aber ich kann etwas tun. Und weil ich nicht alles tun kann, muss ich mich nicht weigern, das zu tun, was ich tun kann." Wenn Gott mich mit einer Aufgabe betraut, ist sie wichtig für ihn und für den Dienst der Gemeinde. Es ist dabei bedeutungslos, wer dafür die Anerkennung bekommt, solange Gott die Ehre gegeben wird. Was ich tue, ist nicht deshalb bedeutsam, weil ich es tue, sondern weil Gott mir den Auftrag dafür gegeben hat. Immer wieder wird die Versuchung da sein, sich von der Hauptaufgabe ablenken zu lassen. Dem müssen wir widerstehen und wie Nehemia sagen: „Ich führe gerade ein großes Werk aus und kann nicht hinabkommen" (Nehemia. 6,3). Die Aufgabe, zu der Gott mich beruft, ist die wichtigste, die gerade getan werden muss. Wollen Sie mit anpacken?

# 14

# Zuarbeiter gesucht

Ich möchte Ihnen Namen von Männern nennen, die eine wichtige Rolle in Gottes Heilswerk gespielt haben. Wie viele kennen Sie davon?

A. M. Pointdexter, John Rough und William Pulsford, Arthur Rust, Cecil Hodges und Frank Wimpory, J. W. T. Dewhirst, George Gould und Thomas Olney.

Wenn Ihnen keiner dieser Namen geläufig ist, muss Sie das nicht beunruhigen. Auch ich kannte sie nicht, bevor ich mich intensiver mit dem Leben bedeutender Prediger beschäftigte. Ich wollte dabei herausbekommen, ob unbekannte Menschen im Leben dieser Verkündiger eine besondere Rolle gespielt haben.

Jeder Student der Kirchengeschichte weiß, dass John Knox ein kühner schottischer Reformator war. Aber kaum einer weiß, dass es John Rough war, der Knox drängte, den Schuldienst zu verlassen und sich dem Dienst der Kirche zu widmen. Rough drängte Knox, ihn in seinem Predigtdienst zu unterstützen.

John Rough war ein Zuarbeiter. „Scharniere" nenne ich solche Menschen. So wie eine schwere Tür durch verhältnismäßig kleine Scharniere auf und zu schwingen kann, so wird oft das Leben einer großen Persönlichkeit durch scheinbar unbedeutende Ereignisse und völlig unbekannte Personen nachhaltig beeinflusst. Die Großen der Geschichte verdanken diesen „Scharnieren“ viel.

Wer war George Gould? Er war Engländer und lebte in Loughton. Eines Tages hörte er, wie ein junger Prediger in einer Bibelstunde das Wort verkündigte. Er war so beeindruckt von dem jungen Mann, dass er bei einem Besuch in London seinem Freund Thomas Olney von ihm erzählte. Olney war damals Diakon in einer Londoner Gemeinde, die dringend einen Pastor suchte. Deshalb vereinbarte er mit dem jungen Mann, dort eine Probepredigt zu halten. So geschah es, dass Charles Spurgeon zur *New Park Street Chapel* in London kam. George Gould war das „Scharnier“, durch das sich diese Tür öffnete. Wir alle wissen, was sich daraus entwickelte und wie Gott Spurgeons geistlichen Dienst in London segnete.

John Henry Jowett ist bekannt als „der größte Prediger der englischsprachigen Welt“. Er wollte jedoch zunächst gar nicht Prediger werden, sondern dachte vielmehr an ein Jurastudium oder an eine Politikerkarriere. Einen Tag bevor er sich für das Jurastudium einschreiben wollte, begegnete er „zufällig“ dem Sonntagsschullehrer J. W. T. Dewhirst. Jowett erzählte begeistert von seinen Plänen, worauf Dewhirst gelassen erwiderte: „Ich habe die Hoffnung nie aufgegeben, dass Sie eines Tages in den geistlichen Dienst treten werden.“ Tatsächlich änderte Jowett seine ursprünglichen Pläne.

Schon gleich zu Anfang seines geistlichen Dienstes fühlte sich F. B. Meyer entmutigt, weil die Gemeinde, die er als Pastor betreute, ihm nur Steine in den Weg legte. Die Ältesten mochten Meyers evangelistische Ausrichtung nicht, und es war ihnen nicht recht, dass er sich zu sehr um die Armen und Bedürftigen in Leicester kümmerte. Schließlich beendete Meyer seinen Dienst in dieser Gemeinde und wollte einem Ruf nach Sheffield folgen. Er war gerade auf dem Weg zum Postamt, um seine Zusage abzuschicken, als ihm Arthur Rust über den Weg lief. Meyer erzählte ihm von seinen Plänen.

Doch Rust und eine Gruppe christlicher Geschäftsleute in Leicester hatten sich gerade ein paar Tage zuvor getroffen, weil sie sich alle gedrängt fühlten, eine Gemeinde zu gründen, um die Massen zu erreichen und das Evangelium auszubreiten. Dies war auch Meyers Herzensanliegen. Warum sollte er da nicht ihr Pastor werden? Das war der Beginn eines besonders segensreichen Dienstes der Gemeinde *Melbourne Hall.* Und alles kam ins Rollen durch eine „zufällige" Begegnung vor dem Postamt. Arthur Rust war das „Scharnier", das Gott gebrauchte, um eine Tür aufzustoßen.

Während meines Theologiestudiums benutzten wir in der Homiletik den Lehrbuchklassiker von John A. Broadus *On the Preparation and Delivery of Sermons* (dt.: Über die Predigtvorbereitung und Verkündigung). Broadus wird noch heute als der größte Lehrer für Rhetorik und Predigt geschätzt, den die amerikanische Kirchengeschichte hervorgebracht hat. Seine Bücher werden immer noch im Unterricht verwendet.

Ursprünglich wollte John Broadus Arzt werden! Doch eines Tages hörte er A. M. Pointdexter über das Gleichnis von den anvertrauten Pfunden predigen. Dabei verspürte er den Ruf Gottes zum geistlichen Dienst. Pointdexter ist längst nicht so bekannt geworden wie Broadus, aber das schmälert seinen Beitrag nicht. Auch er war ein „Scharnier", das Gott für seine Pläne gebrauchte. Viele Prediger stimmen mit ein in meinen Dank an Gott für den Dienst von John Broadus.

Wichtig ist, dass wir praktische Lehren aus diesen Beispielen ziehen.

Die erste Lektion ist eindeutig: Alle Christen sind wichtig für Gott und sein Werk. Vor Kurzem kaufte ich mir John Sangsters Buch *The Pure in Heart* (dt.: Die reinen Herzens sind). Darin erfuhr ich viel über das Leben dieses bedeutenden Methodistenpastors. Ich forschte dann noch weiter in seiner Biografie, um herauszubekommen, ob es auch in seinem Leben solche Zuarbeiter gab. Und tatsächlich war es so.

Cecil Hodges und Frank Wimpory gehörten dazu. Es war Hodges, der den jungen Sangster in die Londoner *Radnor Street Mission* einlud. Und es war Wimpory, der spürte, dass der junge Mann viele Probleme mit sich herumschleppte. Er lehrte ihn, Christus zu vertrauen.

Für unseren Vater im Himmel gibt es keine bevorzugten Kinder. Nicht jeder wird ein Spurgeon, Jowett oder Sangster. Aber jeder kann von Gott dazu gebraucht werden, anderen die Tür zu öffnen, im Dienst Christi eine besondere Aufgabe zu übernehmen. Ich frage mich manchmal, wie viele treue Christen solche „Scharniere" gewesen sind, durch die andere zu brauchbaren Dienern im Reich Gottes wurden. Es war Edward Kimball, ein schlichter Bibellehrer, der D. L. Moody für Christus gewann. Und Moodys Dienst ist noch heute ein Segen für die Welt.

Diese Zuarbeiter ahnten sicher nicht, dass sich ihre Arbeit eines Tages so segensreich auswirken würde. Aber Gott wusste, welcher Segen sich da bereits verbarg. Wichtig ist, treu zu sein und seine Arbeit zu tun. Gott wird sich um alles andere schon kümmern. Wenn Sie wieder einmal daran denken, das Handtuch zu werfen, dann sagen Sie sich: „Vielleicht sitzt ja ein zukünftiger Moody in meinem Bibelkreis!" Könnte es nicht sein, dass Sie ein Zuarbeiter sind, ohne es zu ahnen? Bei Gott gibt es keine Zufälle, sondern nur geplante Zusammentreffen. Ich glaube, dass Gott die Fäden in der Hand hält, und dieses Vertrauen macht mir Mut, meinen Dienst zu tun. Man kann nie wissen, wie Gott auch einen flüchtigen Kontakt nutzen kann, um in das Leben eines Menschen einzugreifen.

Das aber bedeutet, dass Sie und ich jeden Tag durch das Gebet in enger Gemeinschaft mit dem Heiligen Geist verbringen müssen. Wir sollten Gott bitten, auch in scheinbar belanglosen Situationen an unserer Seite zu sein. Ich ging einmal zu einer Geburtstagsfeier und erwartete, dort ein paar nette Stunden zu verleben. Doch es sollte zu einer wichtigen Weichenstellung für mein Leben kommen. Ein Freund gab mir einen Rat, worauf ich eine bestimmte Ausbildungsstätte besuchte. Dort aber begegnete ich meiner späteren Frau, und ich wurde in einem Fachgebiet ausgebildet, von dem Gott im Voraus wusste, dass ich es einmal brauchen würde. Das alles fing mit einer Geburtstagsfeier an.

Das bedeutet natürlich nicht, dass wir jedes Ereignis oder jede Entscheidung als Wendepunkt unseres Lebens ansehen müssen. Dann würden wir jede Balance und jede Perspektive verlieren. In 1. Korinther 10,27 spricht Paulus davon, dass es nicht nötig sei, vor jeder Einladung, die wir bekommen, unser Gewissen zu prüfen. Und doch sollten wir wachsam sein, um mitzubekommen, was der Herr auch in alltäglichen Begegnungen von uns will. Diese Wachsamkeit bekommen wir durch einen Wandel im Heiligen Geist und den steten Kontakt zum Herrn.

Die Zuarbeiter, derer sich Gott bedient, werden ihren besonderen Lohn erhalten, auch wenn sie von anderen Menschen keine Anerkennung und keinen Applaus bekommen. Entscheidend ist, dass wir Gottes Willen in die Tat umsetzen, und nicht, berühmt zu werden. Im Himmel werden wir erfahren, wie Gott uns einsetzen konnte, um das Leben anderer Menschen mitzugestalten. Heute sind wir vielleicht niedergeschlagen und entmutigt. Wir meinen, unsere Mühen seien umsonst. Doch wenn wir einmal Christus schauen, werden wir ihn für alles, was er getan hat, preisen.

Lasst uns schon heute im Lichte dieses Lobpreises leben, und versuchen wir, dem Sumpf der Verzweiflung zu entkommen, indem wir uns immer daran erinnern, dass Gott viel mehr tut, als wir ahnen. Wahrscheinlich sind wir nicht das große Tor, das jeder gleich sieht, sondern nur das Scharnier, das dem Tor erst das Geöffnet-Werden ermöglicht.

# 15

# Viermal falsch gedacht

Ich möchte nun über vier sehr verbreitete Irrtümer sprechen. Sie betreffen unsere Einstellung zum Willen Gottes.

Da ist zunächst der Irrglaube, Gottes Wille sei gefährlich. „Ich würde mich ja dem Herrn hingeben“, sagt angsterfüllt ein Mensch, „aber ich fürchte mich vor dem, was dann geschehen könnte.“ Im Laufe der Jahrtausende hat der Feind es offenbar verstanden, Gottes Volk davon zu überzeugen, dass der Wille des Herrn nicht wohlwollend, sondern missgünstig, nicht sicher, sondern gefährlich ist. Wenn wir zu Gott beten (falls wir es überhaupt tun) und seinen Willen erfragen, dann fühlen wir uns oft beklommen wie bei einem Arztbesuch. Wir fragen uns ängstlich: „Was werde ich zu hören bekommen und was erwartet mich wohl?“

Der gläubige Christ, der ihm sein Leben wirklich übergeben hat, weiß, dass der sicherste Ort auf dieser Welt immer der ist, der dem Willen Gottes entspricht. Anstatt zu fragen: „Was wird wohl geschehen, wenn ich den Willen Gottes tue?“, sollten wir uns lieber die Frage stellen: „Was wird geschehen, wenn ich nicht auf den Willen Gottes höre?“ Jona gehorchte dem Willen Gottes nicht, und er brachte damit nicht nur sich selbst, sondern auch eine ganze Schiffsbesatzung in große Bedrängnis. Auch David hörte nicht immer auf den Willen Gottes. Das hatte zur Folge, dass seine Familie und sein Volk das Gericht Gottes zu spüren bekamen.

Wie kann der Wille Gottes überhaupt Gefahren in sich bergen, wo er doch der Ausdruck seiner Liebe ist? „Der Ratschluss des HERRN hat ewig Bestand, die Gedanken seines Herzens von Generation zu Generation“, heißt es in Psalm 33,11. Der Wille Gottes entspringt dem Herzen Gottes; und was immer aus diesem Herzen fließt, kann nicht gefährlich sein.

Ich gebe zu, dass wir zuweilen schwere Zeiten zu durchstehen und manche Prüfung zu erdulden haben, wenn wir uns auf den Willen Gottes einlassen. Aber Gott ist doch immer bei uns! Die Gnade Gottes wird uns überall erhalten, wohin der Herr uns geführt hat. Bei der Prüfung unseres christlichen Lebenswandels wird nicht festgestellt, wie geschickt wir Problemen aus dem Weg gehen, sondern wie sehr wir Gott in allen Lebenslagen die Ehre geben.

Die zweite Fehleinschätzung, die wir uns leisten, ist die Auffassung, der Wille Gottes werde erst in ferner Zukunft konkret und spiele heute noch keine Rolle. Nur wenn es um die großen Entscheidungen im Leben geht, sollten wir beten – wenn wir wissen wollen, welche Schule die richtige ist, welchen Beruf wir ergreifen, welchen Partner wir heiraten und wo wir uns im Alter niederlassen sollten. Die Fehleinschätzung besteht darin, dass wir einen Trennungsstrich zwischen Gegenwart und Zukunft ziehen. Das aber ist unzulässig. Wenn ich morgen nach dem Willen Gottes leben möchte, dann sollte ich lieber heute schon damit anfangen. Ein Leben nach dem Willen Gottes besteht aus vielen einzelnen Stunden und Tagen, die alle Ausdruck dieses Willens sind.

Dazu ein anschauliches Beispiel: Wenn eine Rakete in Cape Kennedy startet, muss sie ganz genau auf Kurs sein. Weicht sie kurz nach dem Start nur um einen Grad vom Kurs ab, dann sind nach wenigen Augenblicken im All daraus schon zehn Grad geworden. Deshalb haben die Techniker Korrekturtriebwerke entwickelt, die das Raumschiff auf Kurs halten.

Wir Christen können den Willen Gottes nicht auf morgen verschieben. Wir müssen damit jeden Tag leben. Wenn unsere Beziehung zum Herrn in Ordnung ist, dann fällt es uns auch nicht schwer, im Willen Gottes zu leben. Gottes Ratschluss heute nicht wissen zu wollen, aber sich vorzunehmen, morgen auf ihn zu achten, ist der Gipfel der Torheit. Das erinnert mich an den Piloten, der seine Passagiere beruhigte: „Wir können das Flugzeug nicht halten, aber im Moment läuft alles noch ganz gut."

Die Vorstellung, Gottes Wille sei beliebig interpretierbar, ist ein weiterer Irrtum. Er verleitet Gläubige zum Ungehorsam. Viele Christen haben die merkwürdige Vorstellung, der Wille Gottes sei wie ein Versandhauskatalog. Man könne sich entscheiden zwischen guten, besseren und den besten Angeboten. Der Unterschied sei vor allem der Preis. Wenn man das beste Angebot haben wolle, müsse man auch den entsprechenden Preis dafür bezahlen.

Vielleicht ist dieser Irrtum durch eine Fehlauslegung von Römer 12,2 entstanden, wo Paulus u. a. schreibt: „... dass ihr prüfen mögt, was der Wille Gottes ist: das Gute und Wohlgefällige und Vollkommene." Ein Christ hat einmal zu mir gesagt: „Ich glaube, ich will gar nicht Gottes vollkommenen Willen für mein Leben. Ich bin schon zufrieden, wenn es sein guter Wille ist." Gottes Pläne für mein Leben sind aber nicht beliebig wählbar. Er hat einen festen Plan, und dieser Plan ist gut, hervorragend und vollkommen zugleich. Gott überreicht uns nicht einen Bestellschein, auf dem wir eintragen dürfen, ob wir seinen guten, hervorragenden oder vollkommenen Plan wünschen. Weil er Gott ist, kann er ja nur das Beste für uns wollen. Etwas anderes ist von ihm nicht zu erwarten, denn er ist der unwandelbare Gott.

„Prüfen" in Römer 12,2 heißt „ausprobieren". Indem wir Gottes Willen tun, machen wir die Erfahrung, dass er gut für uns ist. Je umfassender wir gehorchen, desto höher bewerten wir den Willen Gottes, bis wir merken, dass er nicht nur hervorragend zu unserem Leben passt, sondern vollkommen ist. Nie wieder werden wir uns mit der zweiten Wahl zufriedengeben.

Der schlimmste Fehler von allen ist wohl unsere Auffassung, Gottes Wille sei schwer zu ergründen. Als ich ein Kind war und bei meinen Eltern wohnte, fiel es mir nie schwer, herauszubekommen, was meine Eltern wollten. Nachdem ich selbst Vater geworden war, war ich immer bestrebt, meinen Willen den Kindern verständlich zu machen. Warum sollte ausgerechnet unser himmlischer Vater seinen Willen vor seinen durch das Blut Jesu erkauften Kindern verbergen wollen? Warum sollte er es uns besonders schwer machen, seinen Plan für unser Leben von ihm zu erfahren?

Gott hat natürlich seinen eigenen Zeitplan und seine eigenen Zielvorstellungen. Wir alle müssen geistlich reifen, um die Denkweise Gottes besser zu verstehen. Ich glaube, dass die Kinder Gottes den Willen des Vaters nicht ernst genug nehmen. Und deshalb schweigt er so oft. Oder wir wollen mit Gott über Dinge reden, die längst geregelt sind und ausführlich in der Bibel behandelt werden. Für die meisten Entscheidungen, die wir im täglichen Leben treffen müssen, finden wir Leitlinien, Verheißungen oder Prinzipien in der Bibel. Je besser wir das Wort Gottes kennen, desto besser kennen wir auch seinen Willen.

Die Bereitschaft, sich auf den Willen Gottes einzulassen, ist ausschlaggebend für unser Vermögen, diesen Willen zu ergründen. In Johannes 7,17 hat Jesus das ganz deutlich gemacht: Gott ist bereit, uns den Weg zu weisen, wenn wir bereit sind, ihm zu folgen. Ich habe die Erfahrung gemacht, dass Gott immer weit mehr bereit ist, mir seine Pläne zu offenbaren, als ich bereit bin, mich auf sie einzulassen. Er weiß, wann wir es ernst damit meinen, seinen Willen in Erfahrung zu bringen und in die Tat umzusetzen.

Es ist nicht entscheidend, dass wir den Willen Gottes immer ganz verstehen. Auf Erklärungen sind wir nicht angewiesen, aber auf Verheißungen. Die großen Glaubensmänner, die in

Hebräer 11 genannt werden, haben nicht immer den göttlichen Plan durchschaut, aber sie wurden gesegnet, weil sie ihn in die Tat umsetzten. Und das ist letztlich das Ziel, das Gott in unserem Leben verfolgt: Wir sollen seinen Segen empfangen, ihn schätzen lernen und ihn an andere weitergeben. Je mehr Freude wir am Willen Gottes haben, desto eher werden wir imstande sein, ihn zu entdecken und zu tun.

Hüten Sie sich vor den vier genannten Fehlern. Sie ziehen Niederlagen nach sich. Und jede Niederlage bedeutet für einen Christen, den Willen Gottes verpasst zu haben und sich mit der zweiten Wahl zufriedengeben zu müssen.

# 16

# Immer nur Manna?

So wie jede Stufe des körperlichen Wachstums ihre ganz speziellen Gefahren und Probleme hat, so bringen auch die geistlichen Entwicklungsschritte jeweils andere Gefahren und Herausforderungen mit sich. Der junge Christ ist ein Eiferer für den Herrn, aber es fehlt ihm die geistliche Weitsicht. Der ältere Christ hat zwar sehr viel Wissen, aber dafür ist bei ihm kaum noch etwas vom ursprünglichen Eifer vorhanden.

Mir ist schon vor längerer Zeit aufgefallen, dass eine besondere Versuchung für den reifenden Christen die Gefahr ist, sich an Segnungen zu gewöhnen. So wie der Weltreisende, der schon überall gewesen ist und schon alles gesehen hat, nur noch wenig interessiert reagiert, so ist der reifere Christ immer in der Gefahr, die Segnungen Gottes als selbstverständliche Zugabe zu sehen und sich an sie zu gewöhnen. Sie begeistern ihn nicht mehr so wie früher.

Emerson hat einmal gesagt, dass wohl jeder die ganze Nacht aufbliebe und zu den Sternen hinaufschauen würde, wenn sie nur einmal im Jahr am Himmel stünden. Wir haben die Sterne schon so oft gesehen, dass wir kaum noch hinschauen. Und genauso haben wir uns an unsere Segnungen gewöhnt.

Auch die Israeliten in der Wüste hatten sich an die Gaben Gottes gewöhnt, sodass Gott das Volk züchtigen musste

(s. 4. Mose 11). Er hatte die Israeliten jeden Morgen mit himmlischem Manna ernährt, aber diese hatten sich damit überessen. „Nun ist unsere Kehle vertrocknet“, klagten sie, „gar nichts ist da, nur auf das Manna sehen unsere Augen“ (Vers 6).

Immer nur Manna! Sie erlebten jeden Morgen das Wunder göttlicher Fürsorge, aber das war für sie nichts Besonderes mehr. Immer nur Manna!

Ein Beleg dafür, dass wir uns an unsere Segnungen gewöhnt haben, ist der sich ausbreitende Kritikgeist – unser ständiges Klagen und Nörgeln. Anstatt Gott für das zu danken, was wir haben, beschweren wir uns und verlangen nach anderem. Gäbe uns Gott tatsächlich, was wir nun plötzlich haben wollen, würden wir doch – da bin ich ganz sicher – noch immer unzufrieden sein und uns beschweren. Wer übersättigt ist, kann nicht mehr zufriedengestellt werden.

Ein weiterer Hinweis auf diesen ungesunden Zustand ist die Auffassung, anderen gehe es immer besser als uns. Die Israeliten erinnerten sich plötzlich an das reichhaltige Nahrungsangebot in Ägypten, und sie wollten wieder dorthin ziehen, wo es Gurken, Melonen, Lauch, Zwiebeln und Knoblauch gab. Sie sagten: „Den Menschen in Ägypten geht es so viel besser als uns!“ Offenbar hatten sie die Sklaverei ganz vergessen, die sie in Ägypten erduldeten. Sie dachten nicht mehr an das fürchterliche Joch, von dem Gott sie befreit hatte. Sklaverei ist ein hoher Preis für einen reichhaltigeren Speisezettel.

Als ich noch als Pastor arbeitete, musste ich mir ständig Kritik von den Gemeindegliedern anhören. Ehrliche und ernst gemeinte Kritik hörte ich mir an, denn ich wollte davon profitieren. Aber das „Murren in der Wüste“ der missmutigen Frommen, die sich an ihre Segnungen schon gewöhnt hatten, interessierte mich überhaupt nicht. Manchmal schlug ich dem Betreffenden sogar vor, für eine Weile eine andere Gemeinde zu besuchen, um feststellen zu können, ob seine Kritik auch berechtigt sei. Die meisten kehrten jedenfalls reumütig zurück.

In Familien durchleben die Kinder meist eine solche Phase des Murrens und der Unzufriedenheit, wenn die Pubertät einsetzt. Das Schlüsselwort ist dann „blöd" – das blöde alte Haus, das blöde Auto, immer dieses blöde Essen, immer dieselbe blöde Gemeinde u.s.w. Die Familien ihrer Freunde haben bessere Häuser und Autos und bei ihnen gibt es viel besseres Essen. Natürlich verletzt solch ein Geschwätz die Eltern, aber sie lieben ihre Kinder totzdem und warten geduldig, bis sie erwachsen werden.

Jede Gemeinde hat ihre Nörgler. Neugierig schauen sie sich außerhalb der Gemeinde um, hören hier etwas und beobachten dort etwas. Und dann kommen sie am Sonntag wieder in die Gemeinde, um ihren Pastor mit einem anderen zu vergleichen. Der Chor wird mit den Profis einer Musikgruppe verglichen und die Jugendarbeit mit dem Programm der Nachbargemeinde. Anstatt Gott für das dankbar zu sein, was sie haben, klagen sie darüber, was ihnen alles entgeht.

Es bekümmert Gott, wenn wir uns an unsere Segnungen zu sehr gewöhnen und anfangen, zu klagen und zu kritisieren. Ich frage mich manchmal, wie viele Pastoren und andere Mitarbeiter schon das Handtuch geworfen haben, weil sie ständig von Geschwistern kritisiert wurden. Gott züchtigte die Israeliten, weil sie murrten. Er gab ihnen schließlich das Fleisch, das sie verlangten, aber es brachte ihnen den Tod. Es wäre ihnen besser ergangen, wenn sie sich mit dem Manna begnügt hätten. „Da erfüllte er ihnen ihre Bitte, und er sandte Schwindsucht in ihre Seele" (Psalm 106,15).

Das beste Heilmittel gegen die Sünde der sich einschleichenden Gleichgültigkeit ist das bewusste Danken für alles, was Gott gibt und tut. Ein dankbares Herz, das das Wunder der Güte und Gnade Gottes als großes Geschenk empfindet, wird seine Segnungen nicht so leicht selbstverständlich hinnehmen. So wie ein kleines Kind begeisterungsfähig ist und sich über die kleinsten Dinge freut, die das Leben ihm bietet, so sollte auch der reife Christ über Gottes Gaben und Gottes fürsorgliches Handeln noch staunen können. Warum muss Gott uns überhaupt segnen? Wer sind wir, dass Gott sich um uns kümmert?

Letztlich ist es unser Stolz, der dafür sorgt, dass die Segnungen Gottes bald nichts Besonderes mehr für uns sind. Wir vergessen allzu schnell, dass wir aus Gnade gerettet worden sind und nicht aufgrund eigener Leistungen, und dass es die Barmherzigkeit des Herrn ist, die uns vor dem Untergang rettet. Stolz macht unzufrieden und mürrisch und verleitet uns zum Nörgeln. Und Hochmut kommt vor dem Fall! Hüten Sie sich also davor, sich zu sehr an die Segnungen Gottes zu gewöhnen.

# 17

# Was wir nicht ignorieren sollten

Der Agnostiker Clarence Darrow nannte einmal das Weihnachtsfest „einen Humbug und ein öffentliches Ärgernis". Er sagte: „Die Leute wären gut beraten, wenn sie es einfach ignorieren würden."

Die Feiern zum Geburtstag unseres Herrn mag, wer will, getrost ignorieren, so wie Millionen Christen von den Feiern der Buddhisten und Hindus kaum etwas wissen. Aber es kann sich niemand leisten, den Fakt der Geburt unseres Herrn zu leugnen. Selbst Darrow musste offizielle Schreiben mit einem Datum versehen. Und jedes Jahr, das wir zählen, ist ein *annus domini* – ein Jahr des Herrn. Stellen Sie sich das Chaos vor, das herrschen würde, wenn jeder Agnostiker seinen eigenen Kalender entwerfen würde.

Jesus Christus ist eine Person, die gelebt hat und deren Geburt ein Fakt ist. Die Kommunisten behaupteten, Jesus Christus habe niemals existiert. Er sei ein Mythos, erfunden von religiösen Diktatoren, um Menschen zu verführen und zu beherrschen. Doch nicht einmal die liberalste Gelehrsamkeit hat es vermocht, Jesus Christus aus der Geschichte zu tilgen. Zu keinem anderen Thema sind so viele Bücher verfasst worden wie über Jesus Christus und seine Lehre. Diese Tatsache zu leugnen hieße, seinen Geist vor einem Phänomen zu verschließen, das genauso wenig wegzudenken ist wie die Errungenschaften der Raumfahrt oder die neuesten Erkenntnisse der Medizin.

Wer das Kommen Christi in diese Welt nicht wahrhaben will, dem geht die gesamte biblische Botschaft verloren. Wenn nämlich Jesus Christus „Humbug" ist, dann trifft das auch auf die ganze Bibel zu, denn er hat den Schriften des Alten Testaments sein Beglaubigungssiegel aufgedrückt. Seine Person und sein Werk sind Zentralthema des Evangeliums. Seine Frohe Botschaft wird in der Apostelgeschichte verkündigt. Seine Lehre ist Thema der Apostelbriefe, und die Offenbarung kündigt seine Wiederkunft an.

Wer Jesus Christus ignoriert, kann unsere Kultur gar nicht verstehen. Meine Frau und ich machten vor einiger Zeit einen Rundgang durch eine Galerie, in der Hunderte von berühmten Gemälden zu bewundern waren. Dabei achtete ich besonders darauf, wie viele Meisterwerke direkt oder indirekt mit Jesus Christus zu tun hatten. Ich war erstaunt über die große Anzahl.

Oder denken wir in diesem Zusammenhang an die Welt der Musik. Die großen Komponisten der klassischen Musik schrieben unzählige Werke, in deren Mittelpunkt die Person und das Werk Jesu Christi steht. Wer Christus aus unserem Kulturerbe ausblenden will, wird weite Bereiche des menschlichen Kunstschaffens verlieren und keinen Zugang mehr dazu haben. Was für ein Trauerspiel!

Bevor ich mein Leben ganz der Verkündigung des Evangeliums weihte, wollte ich Lehrer werden. Dabei interessierte ich mich vor allem für die Fächer Literatur und Latein. Meine Vorliebe für Latein hat sich inzwischen abgekühlt, aber große Literatur lese ich immer noch sehr gern. Für ein vertieftes Verständnis vieler großer Werke helfen mir meine Bibelkenntnisse. William Lyon Phelps, langjähriger Fachbereichsleiter für Englisch an der Universität Yale, hat immer betont, dass Bibelkenntnisse ohne eine akademische Ausbildung allemal wichtiger seien als eine akademische Ausbildung ohne Bibelkenntnisse. Er hat so recht!

Wer von Jesus Christus nichts wissen will, schadet sich nur selbst, denn Jesus Christus kam als Mensch, um uns zu offenbaren, welche Vorstellungen Gott ursprünglich von uns hatte. Er kam als Mensch, um uns durch seinen Tod zu dem zu machen, was wir eigentlich nach Gottes Willen sein sollten. Der Ungläubige, der Jesus Christus ignoriert, klammert ausgerechnet die einzige Person aus seinem Leben aus, die ihn vor der Sünde retten kann und ihn befähigt, ein erfülltes Leben zur Ehre Gottes zu führen. Jesus sagte: „Ich bin gekommen, damit sie Leben haben und es in Überfluss haben" (Johannes 10,10).

Das heißt, dass sich die Menschen, die sich gegen Jesus Christus entscheiden, letztlich selbst berauben. Was ihnen an der „christlichen Kultur" gefällt, wollen sie nicht missen, aber die Quelle all dessen interessiert sie nicht. Sie haben zwar auch eine gewisse Freude daran, ein großartiges Gemälde anzuschauen oder einem Konzert zu lauschen, aber sie wollen nicht wahrhaben, dass Jesus Christus so wichtig ist, um sich eine persönliche Beziehung zu ihm zu wünschen. Es ist natürlich viel bequemer, Händels „Halleluja" im Sessel zu genießen, als niederzuknien und zu bekennen, dass Jesus Christus der Herr ist.

Wie ist es möglich, dass gebildete und offenbar intelligente Menschen sich selbst so betrügen können? Warum sagen sie Ja zum „Christus der Kultur", wenn sie vom historischen Christus, dem Christus von Golgatha, nichts wissen wollen?

Zunächst muss man wohl davon ausgehen, dass wir Menschen von Natur aus möglichst ohne Gott auskommen wollen. „Wir alle irrten umher wie Schafe, wir wandten uns jeder auf seinen eigenen Weg" (Jesaja 53,6). Selbst der scharfsinnigste Gelehrte ist von Geburt an ein verlorener Sünder, der von sich aus niemals das Verlangen entwickelt, Gott kennenzulernen und seine Wege zu gehen. Jesus spricht: „Ich bin der Weg und die Wahrheit" (Johannes 14,6), aber die geknechtete menschliche

Natur möchte sich dieser Wahrheit nicht stellen und zieht es vor, der Lüge zu glauben.

Der Evangelist Billy Sunday sprach häufiger davon, dass ein Sünder seinen Gott aus demselben Grund nicht findet wie ein Verbrecher die Polizei: Er ist nicht auf eine Begegnung aus! Die Weisen aus dem Morgenland, die dem Stern folgten und vor dem Kind niederknieten, gehörten sicherlich zur akademischen Elite ihrer Tage. Doch es war nicht unter ihrer Würde, das Christuskind anzubeten. Ein Licht in der Natur (der Stern) wies ihnen den Weg zum Licht des prophetischen Wortes: „Zu Bethlehem in Judäa; denn so steht durch den Propheten geschrieben" (Matthäus 2,5), und beides führte sie zum Christuskind. Diese orientalischen Gelehrten hatten nach modernen Maßstäben sicher ein eher begrenztes Wissen. Aber was die Fähigkeit angeht, unvoreingenommen bestimmte Tatsachen anzuerkennen, waren sie den modernen Wissenschaftlern weit überlegen.

Wer Jesus Christus ignoriert, bringt seine eigene Seele in Gefahr. Das Christentum hat den Anspruch, allein die Wahrheit zu verkündigen. „Und es ist in keinem anderen das Heil", verkündete Petrus, „denn auch kein anderer Name unter dem Himmel ist den Menschen gegeben, in dem wir gerettet werden müssen" (Apostelgeschichte 4,12). Unsere moderne pluralistische Gesellschaft verabscheut eine Verkündigung, die behauptet, allein die Wahrheit zu vertreten. Die Christen seien engstirnig und arrogant und jede Religion sei gut, wenn es ihre Anhänger nur ernst genug meinten. Die Menschen vergessen dabei, dass man sich auch ernstlich irren kann.

Gott hat die Frohe Botschaft von der Geburt Christi nicht zuerst den frommen Priestern und stolzen Gelehrten verkündigt, sondern schlichten Schafhirten. Die Priester in Jerusalem hatten zwar schnell das richtige Kapitel und den richtigen Vers gefunden, um König Herodes darüber zu informieren, wo der Messias geboren werden sollte, doch sie selbst unternahmen nichts, obwohl der Sohn Gottes nur ein paar Kilometer entfernt in seiner Krippe lag.

Es war schon immer so, dass Gott seine Wahrheit vor den Weisen und Gebildeten verborgen, aber den Menschen offenbart hat, die schlicht denken – den Schäfern und Fischern, den Kindern und all den Sündern mit einem gebrochenen Herzen. Noch heute gilt, was damals schon Paulus schrieb: „Denn seht eure Berufung, Brüder, dass es nicht viele Weise nach dem Fleisch, nicht viele Mächtige, nicht viele Edle sind; sondern das Törichte der Welt hat Gott auserwählt, damit er die Weisen zuschanden mache" (1. Korinther 1,26–27). Das bedeutet zwar nicht, dass Gott der Torheit den Vorzug gibt. Aber auch die Weisen dieser Welt sollen sich nichts einbilden auf ihre Gotteserkenntnis. Sie wissen oft zu viel.

Wir müssen nicht alles gutheißen, was mit den Feierlichkeiten zum Gedenken an Christi Geburt zu tun hat, denn längst nicht alles entspringt der Liebe zum Herrn oder dem Glauben an sein Wort. Aber die Tatsache der Geburt Christi in Bethlehem kann man nicht einfach ignorieren. Wer ganz bewusst von diesem historischen Ereignis mit seiner Bedeutung für die Welt nichts wissen will, stellt unter Beweis, dass er an einer echten Wahrheitsfindung nicht interessiert ist. Diese Menschen, ob gebildet oder ungebildet, verdrängen willentlich einen Bereich der Realität aus ihrem Bewusstsein, der auf keinen Fall verdrängt werden sollte. Würde ein Wissenschaftler bei seinen Experimenten im Labor genauso vorgehen, man würde ihn sehr bald wegen seiner Inkompetenz aus dem Amt jagen.

Ich sage nicht, dass jeder so Weihnachten feiern muss, wie die Tradition es will. Das ist nicht entscheidend. Doch niemand kann es sich leisten, den nicht zur Kenntnis zu nehmen, dessen Geburt zu Weihnachten gefeiert wird. Jesus sagte einmal: „... wenn ihr nicht glauben werdet, dass ich es bin, so werdet ihr in euren Sünden sterben" (Johannes 8,24).

Wer den Menschen einredet, Weihnachten sei eine Belanglosigkeit, der erzählt dem Sterbenden, es gäbe keinen Arzt; er verschweigt dem Verhungernden, wo Nahrung zu finden ist; und dem Wanderer rät er, den Bergführer fortzuschicken, der gekommen ist, um ihn sicher zu geleiten. Gott ist in Jesus Christus zu uns gekommen. Das kann niemand ignorieren, ohne Schaden zu nehmen.

# 18

# Gemeinde in Bewegung

Ich las kürzlich mit Erstaunen, dass die St. Paul's Cathedral in London alle hundert Jahre ca. 3 cm die Fleet Street hinunterwandert. Als ich mit einem befreundeten Pastor darüber sprach, sagte er: „Das ist schneller als die meisten Gemeinden vorankommen."

Sollte die Gemeinde tatsächlich nur im Schneckentempo vorwärtskommunen, wo Gott uns doch die Kraft zu dynamischem Handeln schenkt? Als der Geist Gottes über die ersten Christen kam, bezeugten sie ihren Glauben mit so viel Vollmacht, dass Tausende zum Glauben an Christus kamen. Und es dauerte gar nicht lange, da hatten die Jünger durch diese Kraft mit ihrer Lehre „ganz Jerusalem erfüllt" (s. Apostelgeschichte 5,28). Motiv all dessen sollte die Liebe zu Gott und zu den verlorenen Seelen sein. Die Liebe ist die größte Triebkraft in dieser Welt. Wenn wir Christus wirklich lieben, sollten wir ihm auch gehorchen wollen: „Wenn ihr mich liebt, so werdet ihr meine Gebote halten" (Johannes 14,15).

Niemals zuvor hat die Gemeinde mehr Möglichkeiten und bessere Mittel zur Verfügung gehabt, um ihre Aufgabe zu erfüllen. Ich versuche mir manchmal vorzustellen, was Paulus alles erreicht hätte, wenn er all die Mittel zur Verfügung gehabt hätte, derer wir uns heute bedienen können – Radio, Fernsehen,

Flugzeuge, Printmedien und all die anderen Wunder der modernen Technik. Ich glaube, dass dies alles Gaben Gottes sind, die uns helfen sollen, sein Werk zu vollenden. Nutzen wir sie auch wirklich für diesen Zweck?

Und während wir fleißig nichts tun, machen die Sektierer und religiösen Hausierer Überstunden, um Bekehrungswillige einzufangen und durch Gehirnwäsche umzukehren. Es ist besonders tragisch, wenn man erfährt, dass viele Menschen, die sich den Sekten zuwenden, früher einmal Mitglieder besonders konservativer Gemeinden waren. Das, wonach sie sich sehnten, fanden sie in ihren Gemeinden nicht, und so machten sie sich auf dem Jahrmarkt der religiösen Angebote auf die Suche.

Im Glaubensleben gibt es keinen Stillstand. Entweder gehen wir vorwärts oder wir gleiten ab in die Vergangenheit. Das gilt natürlich auch für die Gemeinden. Sie sollten eigentlich marschierende Armeen sein, doch oft genug herrscht in ihnen die beschauliche Stille von Museen. Wir Christen sollten Zeugen sein, doch in Wirklichkeit sind wir wie Staatsanwälte, die immer nur anklagen und sich um Paragrafen streiten. Wir sollen „die Tugenden dessen verkündigen", der uns errettet hat (1. Petrus 2,9). Stattdessen zetteln wir unter uns Streit an und debattieren darüber, wer von uns der Größte ist.

Eine Gemeinde, die vorankommen will, muss eine visionär denkende Leitung haben, die geistliche Vitalität besitzt. Mit Nullachtfünfzehn-Veranstaltungen ist es nicht getan! Allerdings darf auch nicht alles auf den Schultern des Pastors ruhen. Wenn seine engsten Mitarbeiter nicht mitziehen, wird er seine Aufgaben nicht erfüllen können. Wir brauchen betende Älteste und Pastoren – Männer und Frauen, denen die verlorenen Seelen am Herzen liegen. Und wir müssen Gott bitten, in unsere Veranstaltungen zu kommen, damit etwas geschieht! Genau das war Jesajas Anliegen, als er schrieb: „Ach, dass du den Himmel zerrissest, herabstiegest, sodass vor deinem Angesicht die Berge erbeben" (Jesaja 63,18).

Die Hauptaufgabe einer sich regenden Gemeinde muss die Verkündigung des Wortes sein und (vor allem) dessen Umsetzung in die Tat. Wir brauchen zwar eine klare Führung und gute Planung, aber keine ausgeklügelten Programme. Was wir brauchen, ist die Kraftentfaltung des Gotteswortes durch Menschen, die Liebe untereinander haben und auch die Verlorenen in diese Liebe mit einbeziehen. Wir sind stolz darauf, wie tiefschürfend wir das Wort in unseren Predigten auslegen können. Wir verweisen gern auf unsere Belesenheit und unsere umfangreichen Bibliotheken. Aber hat das Wort Gottes irgendetwas in unserem Leben konkret bewirkt? Sind wir „Hörer" oder „Täter" des Wortes (s. Jakobus 1,22)?

Ich wurde einmal von einem jungen Pastor gefragt: „Warum stellen die Ältesten in den Gemeinden immer die falschen Fragen, wenn sich ein neuer Bewerber für das Pastorenamt vorstellt?" Ich wollte wissen, was genau er meinte. „Nicht ein einziges Mal wurde ich nach meinem persönlichen Glaubensleben gefragt, nach meiner Art, die Bibel zu studieren, oder nach meinem Familienleben. Es waren immer nur dieselben Routinefragen – ob ich schon das Gemeindeleitbild gelesen habe, ob ich bereit sei, Hausbesuche zu machen, wie ich zu bestimmten Bibelübersetzungen stehe oder ob ich bereits so vom Gemeindealltag frustriert sei, dass ich daran dächte, eine eigene Gemeinde zu gründen und alles anders zu machen."

Vielleicht finden wir hier die Antwort auf die Frage, warum die Gemeinden so langsam vorankommen. Viele, die in der Gemeindeleitung Verantwortung tragen, kennen die geistlichen Prioritäten nicht. Es ist traurig, aber wahr: In vielen Gemeinden sieht der Ältestenrat seine Aufgabe nur noch darin, den Gemeindebetrieb so reibungslos wie möglich zu gestalten und alle Probleme zu umschiffen. Aber gerade die Konfliktfreiheit ist oft ein Zeichen dafür, dass gar nichts mehr läuft. (Wie friedlich ist es doch auf einem Friedhof!)

In der frühen Gemeinde gab es viele Reibungspunkte. Ihre geistlichen Leiter wurden für das, was sie predigten, eingekerkert. Heuchler unter den Gläubigen fielen in der Versammlung tot um. Diakone wurden gesteinigt. Und es gab Spaltungstendenzen in der Gemeinde, die durch Liebe und Gebet überwunden werden mussten. Wenn eine Gemeinschaft friedlich vor sich hin lebt, ist das ein Zeichen dafür, dass alle zu müde und kraftlos sind, um noch Staub aufzuwirbeln.

Geistliche Gemeindeleiter schaffen keine Probleme, doch sie decken vorhandene auf. „Unser neuer Pastor hat jeden im Ältestenrat gegen sich aufgebracht", vertraute mir einer der Mitarbeiter einer Gemeinde an. Ich kannte die Gemeinde etwas, und so dankte ich im Stillen dafür, dass Gott offenbar am Wirken war. Die Vorgänger hatten die Probleme immer nur unter den Teppich gekehrt und versucht, alle glücklich zu machen, indem sie bei Bedarf immer die Schaufenster umdekorierten.

Eine Gemeinde, die vorwärtskommen will, fürchtet sich nicht vor Veränderungen. Jemand hat einmal gesagt: „Die sieben letzten Worte einer Gemeinde lauten meist: ‚Wir haben es schon immer so gemacht!'" Wenn ich die Apostelgeschichte richtig verstehe, dann hatten die ersten Christen offensichtlich keine Angst vor Veränderungen. Ohne zu murren, zogen sie von Stadt zu Stadt und brachten die Frohe Botschaft überall hin mit. Die Organisation und die Formen ihres Einsatzes richteten sich nach den jeweiligen Umständen. Wie ein mächtiges Heer zogen sie kreuz und quer durch das Römische Reich. Sie gehorchten Befehlen, übernahmen bereitwillig Pflichten, bewahrten die Einheit und besiegten den Feind.

Eine Gemeinde, die vorwärtskommen will, muss die Gegebenheiten sehen, wie sie sind, und die Menschen dort abholen, wo sie sich gerade befinden. Absonderung ist nicht gleich Isolation. Sich abzusondern heißt, Kontakt behalten, ohne sich anzustecken. Jesus war ein Freund der Zöllner und Sünder. Doch viele Gemeindeglieder haben gar keine ungläubigen Bekannten mehr. Und wenn sie doch welche haben, so bleiben sie distanziert. Jesus wurde außerhalb von Jerusalem gekreuzigt, wo

Menschen aus aller Herren Länder sich versammelten, sodass der Text auf der Tafel am Kreuz in drei Sprachen geschrieben werden musste. Viele Gemeinden von heute haben die belebten Marktplätze längst verlassen. Sie verbringen ihre Zeit lieber damit, sich gegenseitig das Evangelium vorzubeten.

Ich glaube an die Ortsgemeinde. Auch wenn ich keine eigene Gemeinde mehr als Pastor betreue, so habe ich doch immer noch das Herz eines Hirten, und ich werde es wohl auch immer behalten. Ich liebe die Gemeinde und ich habe mich mein ganzes Leben lang ihrem Dienst verpflichtet gefühlt. Ich danke Gott für all die Gemeinden, die auf dem Vormarsch sind, die gestandene Christen hervorbringen, die die Verlorenen gewinnen und eine Ausstrahlung auf ihren Ort und ihre Stadt haben. Ich danke Gott für engagierte junge Männer und Frauen, die unsere Bibelschulen und Akademien verlassen und bereit sind, für den Dienst im Reich Gottes Opfer zu bringen.

Doch ich bin besorgt, dass unsere Gemeinden diese jungen Menschen nicht genug fordern. Einige unserer besten und engagiertesten jungen Männer und Frauen gehen uns für den Dienst im Reich Gottes verloren, weil sie nicht bereit sind, ihre Zeit mit Routine zu vergeuden. Viele dieser jungen Menschen, die von den Ausbildungsstätten kommen, wollen erleben, dass etwas in der Gemeinde geschieht, und sie sind frustriert, wenn man dort eher den ruhigen Gemeindebetrieb schätzt. Sie möchten ein Feuer für Gott entzünden, aber irgendjemand schüttet immer wieder Wasser darauf.

Früher oder später ist jeder von uns ganz persönlich angesprochen. Es ist nicht „die Gemeinde", die alles tun kann.

Alles hängt vielmehr von der persönlichen Entscheidung jedes Einzelnen ab. Wenn Sie und ich Christen sind, die sich bewegen, dann tragen wir auch dazu bei, vorwärtsstrebende Gemeinden aufzubauen.

Wie beweglich sind wir in unserem persönlichen geistlichen Leben?

# 19

# Zuhören lernen

300 Jahre vor Christi Geburt schrieb der Philosoph Zenon von Kition: „Der Grund, warum wir zwei Ohren, aber nur einen Mund haben, ist der, dass wir mehr zuhören als reden sollen." Jakobus hatte denselben Gedanken, als er schrieb: „Ihr wisst doch, meine geliebten Brüder: Jeder Mensch sei schnell zum Hören, langsam zum Reden, langsam zum Zorn" (Jakobus 1,19).

Viele begreifen nicht, wie wichtig das Zuhören gerade für uns Christen ist. Oft hat unser Herr im Anschluss an seine Rede ausgerufen: „Wer Ohren hat, der höre!" Und das Gleichnis vom vierfachen Ackerfeld will uns die Erkenntnis vermitteln: Wie viel Frucht wir im Leben hervorbringen, hängt davon ab, wie bereitwillig wir zuhören.

Ich bin zu der Erkenntnis gelangt, dass wir in der Tat nicht recht wissen, wie wir zuhören sollen. Wir machen dabei so manchen Fehler. Aus diesem Grund möchte ich – mir selbst und Ihnen – hier ein paar Vorschläge machen, was wir tun können, um einen größeren Gewinn aus Lehrstunden und Predigten zu ziehen.

## Vorbereitung

Was würden Sie von einem Pastor oder Bibellehrer halten, der völlig unvorbereitet in die Gemeinde käme, um zu predigen oder zu lehren? Vielleicht hat er sich sogar inhaltlich vorbereitet, aber er selbst ist unmotiviert, unkonzentriert und ohne Elan. Kämen Sie da nicht auf den Gedanken, der Lehrer oder Prediger nehme seine geistliche Verantwortung nicht richtig ernst?

Sind wir Zuhörer aber nicht schon allzu häufig unvorbereitet ins Haus Gottes gekommen und haben deshalb nichts oder sehr wenig von der Botschaft mitbekommen? Danach sind wir in einem schlechteren geistlichen Zustand als vorher. Dafür geben wir natürlich dem Pastor die Schuld.

Zunächst sollten wir uns körperlich vorbereiten. Der Arbeiter, der aus der Nachtschicht kommt, mag abgespannt zum Gottesdienst kommen. Aber es gibt keinen Grund, warum die anderen nicht in der Lage sein sollten, ausgeruht und guter Dinge zum Gottesdienst zu gehen. Es gehört zur Anbetung, dass wir uns auch mit unserem ganzen Körper Gott zur Verfügung stellen (s. Römer 12,1). Deshalb sollten wir auch nicht in einem schlampigen Zustand erscheinen, der der Anbetung unwürdig ist. Der Christ, der am Samstagabend zu spät ins Bett geht, dann zu lange schläft und hastig zum Gottesdienst eilt, beraubt am Sonntagmorgen sich selbst und Gott.

In einem müden Körper steckt meist auch ein zerstreuter Geist. Unser Geist aber muss vorbereitet sein, wenn wir dem Wort Gottes auch nur halbwegs aufmerksam folgen wollen. Ich habe festgestellt, dass das Frühstücksfernsehen, die Morgenzeitung oder dummes Geschwätz vor dem Gottesdienst unserem Geist genau die geistliche Sensibilität rauben, die wir zum Zuhören brauchen. Der Gläubige, der jeden Morgen Zeit mit Gottes Wort und im Gebet verbringt, ist bestens auf den Gottesdienst vorbereitet. Die Seele als Ackerkrume für das Wort muss vorbereitet sein, um die Botschaft in sich aufzunehmen. Daran hatte wohl auch Jakobus gedacht, als er schrieb: „Deshalb legt ab alle Unsauberkeit und das Übermaß der Schlechtigkeit, und nehmt das eingepflanzte Wort mit Sanftmut auf, das eure Seelen zu retten vermag“ (Jakobus 1,21). Bevor wir den guten Samen in uns aufnehmen können, muss erst das Unkraut ausgerissen sein.

Wenn Sie Kinder zu Hause haben, dann muss sich die ganze Familie vorbereiten. Nichts hindert Sie mehr daran, das Wort mit Freude aufzunehmen, als Familienzwist noch auf dem Weg zur Gemeinde. Der Junior konnte seine Schuhe nicht finden. Die Schwester hatte ihre Bibel verlegt … Jeder, der Kinder großgezogen hat, kann viele solcher Beispiele anfügen.

Wenn wir Eltern allzu sorglos mit den Vorbereitungen auf den Tag des Herrn umgehen, signalisieren wir unseren Kindern, dass uns der Gottesdienst und das Hören der Predigt wenig bedeutet. Der Vater bereitet sich auf seine Angelfahrten meist gründlicher vor als auf den Gottesdienst am Sonntag.

Nehmen Sie sich besonders viel Zeit am Sonntagmorgen, um alles in Ruhe erledigen zu können. Bringen Sie Ihren Kindern bei, wie wichtig es ist, vorbereitet ins Haus Gottes zu kommen. Dabei muss es nicht verbissen zugehen, als würden wir in die Schlacht ziehen. Wir sind jedoch Angehörige des großen Gottesvolkes, die sich in sein Haus begeben, um mit ungetrübter Freude sein Wort zu hören.

Wer gut zuhören will, muss sich entsprechend vorbereiten. Das ist entscheidend. Natürlich erfordert das Disziplin. Man muss deshalb auch bereit sein, manche Einladung am Samstagabend auszuschlagen. Das Ergebnis rechtfertigt das Opfer in jedem Fall!

## Konzentration

Wer zuhören und etwas lernen will, muss sich konzentrieren können. Wir müssen oft unsere ganze Willenskraft aufbringen, um unsere Gedanken zu fokussieren und unter Kontrolle zu halten. Unsere menschliche Natur lässt es nun einmal zu, dass wir uns leicht ablenken lassen. Aber wir wollen ja eigentlich unsere ganze Aufmerksamkeit dem Herrn schenken. Deshalb müssen wir jeden Versuch des Feindes abwehren, uns zu verwirren.

Man sollte meinen, dass sich die Gläubigen gegenseitig in ihrem Bemühen um möglichst wenig Ablenkung eine Stütze sind. Aber das ist längst nicht immer der Fall. Die größte Ablenkung im Gottesdienst kommt leider oft von den Gläubigen selbst – nicht nur von den Teenagern, die kichern und Zettel durch die Reihen geben. Welche Situation wir auch immer vorfinden, unser Bemühen muss es sein, dem Wort Gottes unsere ganze Aufmerksamkeit zu schenken.

Es hilft mir immer sehr, unmittelbar vor der Predigt den Bibeltext dazu zu lesen und ihn kurz auf mich wirken zu lassen. Ich versuche nicht, die Auslegung des Pastors vorwegzunehmen. Ich warte vielmehr darauf, dass das Wort Gottes unmittelbar zu meinem Herzen spricht. Während der Pastor predigt, bete ich, dass der Geist seine Verkündigung leiten möge.

Konzentration muss aktiv herbeigeführt werden. Sie kommt nicht von allein. Es ist Arbeit! Aber es ist eine gesegnete Tätigkeit, denn so bekommen wir erst richtig mit, wie spannend das Wort Gottes sein kann.

„Aber unser Prediger ist schrecklich langweilig“, wendet mancher vielleicht ein. „Es fällt schwer, sich zu konzentrieren, wenn der Prediger im Grunde gar nichts mitzuteilen hat.“

Das muss man leider zugeben: Bei so manchem Prediger fällt es ausgesprochen schwer zuzuhören, weil er entweder schlecht vorbereitet ist oder weil er es einfach nicht versteht, das Wort Gottes interessant darzustellen. So mancher Pastor predigt nur, weil er etwas sagen muss, und nicht, weil er etwas zu sagen hat. Und solche Predigten können natürlich sehr langweilig sein.

Seien Sie aber nicht allzu kritisch mit Ihrem Pastor, und vergleichen Sie ihn nicht Sonntag für Sonntag mit den berühmten und gefeierten Konferenzrednern. Wenn Ihr Pastor ein Mann Gottes ist, der mit Hingabe die Weisheit des Herrn verkündigt, dann versuchen Sie, sich auf seine Kernaussagen zu konzentrieren. Gott wird Sie auf das aufmerksam machen, was Sie gerade brauchen. Die Einstellung bestimmt, was für Sie dabei herauskommt. Wenn Sie mit einer positiven Einstellung etwas erwarten, werden Sie auch in einer scheinbar noch so langweiligen Predigt etwas für sich entdecken, das Ihnen zum Segen werden kann.

## Erleuchtung

Wenn ich predige, bitte ich Gott oft darum, den Menschen viel mehr zu sagen, als ich selbst vorbringe. Die Botschaft Gottes ist nicht beschränkt auf den Predigtentwurf des Pastors. Oft hat der Herr mir in seinem Wort Dinge gezeigt, von denen der Prediger auf der Kanzel keine Vorstellung hatte. Während ich dem Wort zuhörte, verknüpfte der Geist Erkenntnisse, zu denen ich teilweise schon in der Woche zuvor gelangt war. Mit dem Ergebnis, dass ich nun viel besser Gottes Pläne für mein Leben verstand.

Auch die Predigt ist im Grunde ein Akt der Anbetung, und das Hören des Wortes sollte es genauso sein. Wir sind nicht Kritiker in einer Debatte, nicht Zuschauer eines Spektakels oder gelangweilte Schüler in der Religionsstunde. Wir sind das Volk Gottes, das sich zur Anbetung versammelt hat. Wir hören nicht zu, um die Grundzüge des Glaubens kennenzulernen, sondern um Gott anzubeten und ihn „erhöht" zu sehen. Eine Predigt, die unseren Blick auf Gott verschleiert, ist keine bibelgemäße Predigt. Wenn wir zuhören, ohne dabei Gott vor unserem inneren Auge zu schauen, dann ist dies kein Hören im Geist.

Erleuchtung ist das Werk des Heiligen Geistes. Auf ihn müssen wir warten, dass er uns neue Erkenntnisse schenkt und uns an alte, längst vergessene erinnert. Wenn die versammelte Gemeinde „im Geist ist", dann wird das Wort mit Vollmacht gepredigt und dringt in unsere Herzen. Dann erleben wir, was ein kleines Mädchen in London gespürt haben mag, als es seine Mutter fragte: „Redet Mr. Spurgeon etwa mit mir?“ Das Wort wird persönlich.

Allzu oft sehen wir nur das irdene Gefäß und nicht den Schatz darin. Lassen Sie nicht zu, dass Ihnen durch die Unerfahrenheit oder mögliche Inkompetenz des Predigers die Botschaft verloren geht, die Gott für Sie bereithält. Bitten Sie Gott, Ihnen auch all das zu zeigen, was nicht über die Lippen des Predigers kommt. Er wird Sie segnen.

## Anwendung

Der Segen stellt sich nicht immer schon dann ein, wenn wir das Wort hören, sondern wenn wir es auch tun. Alles andere ist reiner Selbstbetrug.

Gute Gefühle sind kein Ersatz für Gehorsam. „War das nicht eine wunderbare Predigt?“, fragt der Gottesdienstbesucher. „Ich habe die Nähe des Herrn gespürt, als er predigte!“ Das ist schön. Aber entscheidend ist nicht nur, wie ich mich nach dem Gottesdienst fühle, sondern was ich nach dem Gottesdienst tue.

Ein Gemeindemitglied sagte einmal zu seinem Pastor: „Das war eine gute Predigt, abgesehen davon, dass Sie zu oft ‚deshalb‘ gesagt haben.“ Aber „deshalb“ ist das Schlüsselwort, weshalb eine Predigt überhaupt gehalten wird. Gottes Wort ist das Licht, das uns den Weg zeigen will. Deshalb müssen wir folgen. Es ist das Wasser, das uns reinigt. Deshalb müssen wir uns waschen. Es ist der Spiegel, der uns unsere Flecken und Runzeln zeigt. Deshalb müssen wir vor uns ehrlich sein. Es ist die Medizin, die unsere Verletzungen heilt. Deshalb müssen wir sie anwenden. Wir interessieren uns nicht nur für Gottes Wort, um es zu begreifen. Wir sollen auch durch das Wort leben (s. Matthäus 4,4).

Bevor wir das Wort hören, müssen wir uns vorbereiten. Wenn wir es hören, müssen wir uns darauf konzentrieren und uns von ihm erleuchten lassen. Sobald wir es aber gehört haben, müssen wir es in die Tat umsetzen. Nur so nehmen wir es auf und ziehen Nutzen daraus.

„Weil unser erstes Elternpaar ein offenes Ohr hatte und auf die Schlange hörte, haben wir das Paradies verloren", sagte Thomas Watson, ein Prediger der Puritaner. „Und es ist wieder das Ohr, das offene Ohr für das Wort Gottes, durch das wir in den Himmel kommen. ‚Hört, und eure Seele wird leben!'" (Jesaja 55,3).

Schuld hat also längst nicht immer nur der Prediger, wenn wir das Wort nicht hören. Auch wir, die Zuhörer, tragen einen Teil der Verantwortung.

# 20

# Sündenfrei mit Freude

Jeder Christ, der ehrlich zu sich selbst ist, wird eingestehen, dass er auch mal ungehorsam ist und Gott enttäuscht. Diese Tatsache zu leugnen hieße, der täglichen Erfahrung und der göttlichen Offenbarung zu widersprechen. Die großen Männer und Frauen, denen wir in der Bibel begegnen, haben alle auch versagt. Nur unser Herr hat nicht gesündigt, denn in ihm allein war keine Sünde.

Deshalb ist es so trostreich, zu wissen, dass Gott die Sünden seiner Kinder vergibt. Wir alle kennen die Verheißung gut: „Wenn wir unsere Sünden bekennen, ist er treu und gerecht, dass er uns die Sünden vergibt und uns reinigt von jeder Ungerechtigkeit" (1. Johannes 1,9). Wie oft hatten wir schon das Bedürfnis, Gort an diese Verheißung zu erinnern! Und sooft wir ihn baten, stand er dazu.

Sobald wir unsere Sünden bekannt und uns auf seine Verheißung berufen haben, dürfen wir wissen, dass unsere Sünden vergeben sind. Doch immer wieder kommt es vor, dass wir diese Vergebung nicht spüren. Wir erwarten zwar kein emotionales Erdbeben, doch zuweilen hätten wir gern auch noch eine Bestätigung vom himmlischen Vater. Gefühle können trügen. Man kann sich vergeben fühlen, es jedoch gar nicht sein. Andererseits mag man Vergebung vom Vater erlangt haben und trotzdem das Gefühl nicht loswerden, immer noch weit entfernt vom Vaterhaus zu sein.

Kann man irgendetwas tun, um die Vergebung auch zu spüren, wenn wir sie empfangen haben? Ja, wir können verschiedene Schritte tun, um zu einem intensiveren Gespür für Gottes Vergebung zu kommen.

Der wichtigste Schritt ist, *sich so bald wie möglich mit dem Wort Gottes zu beschäftigen.* Wenn Eheleute sich nicht mehr verstehen, dann kommt meist das Gespräch zum Erliegen. Das Schweigen hat im Haus die Herrschaft übernommen. Doch wenn Vergebung die Oberhand gewinnt, öffnen sich Herz und Lippen, und Worte tun ihr gutes Werk: Sie reißen Mauern ein und bauen Brücken.

Gott möchte mit Ihnen reden, und er tut dies durch sein Wort. Wenn die Verbindung wiederhergestellt ist, wenden Sie sich dem Wort Gottes zu und beschäftigen sich damit. Alte Erkenntnisse werden sich Ihnen neu erschließen, und in bekannten Versen werden Sie neue Wahrheiten entdecken. Das Wort wird wie Medizin für ein gebrochenes Herz sein, und übergroße Freude wird sich einstellen, wenn Sie erkennen, dass der Vater immer noch mit Ihnen redet.

Sollten Sie jedoch das Wort lesen und feststellen, dass Gott immer noch schweigt, so rate ich Ihnen, einmal in aller Demut Ihr Herz zu prüfen, um so zu erfahren, ob Ihr Bekenntnis vollständig und ernsthaft war. Verbergen Sie noch etwas? Versuchen Sie, mit Gott zu feilschen? War es wirkliche Reue oder nur Bedauern, weil Sie erwischt worden sind? Das Wort Gottes, das uns anschweigt, kann tief in unser Herz eindringen und Gedanken und Motive bloßstellen. Schon David wusste, dass Gott „Lust hat an der Wahrheit im Innern" (Psalm 51,8).

Der zweite Schritt ist, *alles zu tun, um mit unserem Nächsten ins Reine zu kommen.* Oft ist schon vor der eigentlichen Sünde ein geistlicher Niedergang in unserem Leben zu verzeichnen.

Gerade in solchen Zeiten geschieht es besonders oft, dass wir die Menschen verletzen, mit denen wir leben oder arbeiten. Wenn wir sündigen und die Gemeinschaft mit Gott nicht mehr suchen, können wir anderen sehr viel Leid zufügen. Wenn aber unser Sündenbekenntnis ernst gemeint war, werden wir alles daransetzen, Dinge zu bereinigen.

Ich hatte noch gar nicht lange in meiner allerersten Gemeinde gepredigt, da bemerkte ich eine Kälte in meinem Herzen. Ich konnte meinen Dienst nicht mehr richtig tun. Daraufhin zeigte mir Gott, dass ich mich noch bei einem Pastor entschuldigen musste, dem ich Unrecht getan hatte. Es fiel mir nicht leicht, einen Gesprächstermin zu vereinbaren, ihn zu besuchen und mich für das zu entschuldigen, was ich gesagt und getan hatte. Doch als alles bereinigt war, erfüllte Gott ganz neu mein Herz. Und er fing an, meinen Dienst wieder zu segnen. Ich hatte zwar schon im stillen Kämmerlein Gott meine Sünden bekannt und er hatte mir vergeben. Aber diese Vergebung spürte ich erst, als ich mit meinem Bruder ins Reine gekommen war.

Manche Menschen übertreiben allerdings auch und bereiten sich damit selbst viel Kummer. Ich erinnere mich noch an eine liebe Schwester, die mich jedes Mal um Vergebung bat, wenn sie schlecht über mich gedacht hatte. Solange die Sünde nur zwischen Ihnen und dem Herrn steht, sollten Sie nicht mit anderen darüber reden.

Wenn wir aber ganz offen gegen jemanden gesündigt haben, müssen wir es auch offen bereinigen. Je weiter es Kreise gezogen hat, desto umfassender muss auch unser Bekenntnis sein. Allerdings müssen wir nicht ständig geistliche Autopsien durchführen, um irgendetwas zu finden, was wir bekennen können.

Vor einigen Jahren leitete ich eine kurze Bibelkonferenz in einer Gemeinde, deren Pastor einen Tag vor Eröffnung der Veranstaltung zurückgetreten war. Deswegen war die Stimmung in der Gemeinde nicht gut. Man konnte das in den Gottesdiensten spüren. Aber der Herr ließ sein Wort wirken, und so kam es an einem Abend zum Durchbruch. Die Menschen fingen an, kreuz und quer durch den Saal zu laufen, um hier und dort Vergebung zu suchen und um miteinander zu beten. Es war eine erhabene und heilige Stunde und die Tore des Himmels öffneten sich für Ströme des Segens.

„Ich habe es doch schon dem Herrn bekannt", wenden wir ein. „Deshalb brauche ich mich auch nicht mehr bei anderen zu entschuldigen." Diese Einstellung ist wahrscheinlich ein Zeichen dafür, dass wir unsere Sünden doch noch nicht vollständig Gott bekannt haben. Ein gebrochenes Herz vor dem Herrn kann kein hartes Herz den Menschen gegenüber sein. Wenn ich mich ehrlich vor dem Vater gedemütigt habe, sollte es mir nicht mehr schwerfallen, mich auch vor einem seiner Kinder zu demütigen.

Manchmal denke ich, dass der Geist mehr durch unseren Stolz und unsere Selbstgerechtigkeit betrübt wird als durch jede andere Sünde, die wir Christen begehen. Doch wenn wir die Vergebung in unserem Herzen erleben wollen, müssen wir sicherstellen, dass nichts zwischen uns und unseren Geschwistern im Herrn steht.

Ich meine, Sie sollten immer auch noch einen dritten Schritt tun: *Schauen Sie nicht zurück.* Satan wird alles versuchen, Sie an Ihre Sünden zu erinnern. Schließlich ist er der „Ankläger der Brüder". Vielleicht benutzt er sogar den einen oder anderen Bruder, um Sie auf Fehler der Vergangenheit aufmerksam zu machen. Es ist kaum möglich, Erinnerungen an vergangene Taten aus dem Gedächtnis zu löschen. Selbst Paulus erinnerte sich daran, dass er ein Gotteslästerer und Mörder gewesen war. Aber wir müssen immer darauf achten, mit den Erinnerungen an vergangene Sünden geistlich umzugehen.

Wenn uns der Gedanke an eine Sünde Spaß macht und wir eine gewisse Erregung dabei spüren, dann haben wir diese Sünde selbst noch nicht verurteilt und sie auch nicht wirklich bekannt. Sobald aber die Erinnerung an diese Sünde heilige Abscheu in unseren Herzen auslöst, sind wir auf dem richtigen Weg.

Wenn wir uns fragen: „Wie konnte ausgerechnet ich das nur tun?“, dann haben wir unsere Sünde noch nicht in echter Demut bekannt. Schließlich ist jeder von uns imstande, jede Sünde zu begehen! Die Fähigkeit ist zwar immer vorhanden, nur den Wunsch dürfen wir nicht hegen. Sobald wir uns davon zu überzeugen suchen, dass es sich nur um einen „Betriebsunfall“ gehandelt hat, bereiten wir schon den Boden für die nächste Versuchung. „Daher, wer zu stehen meint, sehe zu, dass er nicht falle“ (1. Korinther 10,12).

Die Erinnerung an unvergebene Sünden sollte uns auf die Knie zwingen, ins Gebet treiben und zur ganzen Hingabe mahnen. Sie sollte uns veranlassen, die Sünde mehr zu hassen und Jesus Christus noch tiefer zu lieben. Wann immer aber der Teufel Sie an Ihre vergebenen Sünden erinnert, sollten Sie sofort auf Jesus Christus schauen. Suchen Sie immer nur bei ihm Reinigung, Trost und Liebe.

Schließlich möchte ich Ihnen noch einen weiteren Schritt ans Herz legen: *Vergeben Sie auch anderen.* Das Gleichnis unseres Herrn vom Schalksknecht (Matthäus 18,21–35) führt uns deutlich vor Augen, dass empfangene Vergebung und gewährte Vergebung zwei Dinge sind, die einander ergänzen. Ein Merkmal des Menschen, der wahrhaft um Vergebung nachgesucht hat, ist die Bereitschaft, auch anderen zu vergeben. Zuerst müssen wir ihnen in unseren Herzen vergeben haben, bevor wir dies durch Taten und Worte untermauern. Ich kann nicht Groll gegen meinen Bruder im Herzen behalten und dann von Gott erwarten, dass er mir vergibt. Lesen Sie einmal in aller Ruhe Epheser 4,32 und Kolosser 3,13 durch und lassen Sie diese Stellen auf sich wirken.

Zuletzt möchte ich noch zu einem letzten Schritt raten: Seien Sie bereit zum Dienst. Das soll nicht heißen, dass wir uns Gottes Vergebung verdienen können. Zur Vergebung gelangen wir nur durch das am Kreuz vollbrachte Werk Christi. Der verlorene Sohn wollte sich den Weg zurück in die Gegenwart des Vaters erarbeiten. Das aber wollte der Vater nicht dulden. Doch schon allein die Bereitschaft des Sohnes, einer der niedrigsten Diener des Vaters zu werden, signalisierte dem Vater, dass der Sohn auch mit dem Herzen umgekehrt war. Wenn Sie einen noch tieferen Frieden und noch größere Freude erleben wollen, nachdem Sie mit Gott ins Reine gekommen sind, dann bitten Sie ihn, Ihnen jemanden zu zeigen, dem Sie Gutes tun können. „Umsonst habt ihr empfangen, umsonst gebt!“ (Matthäus 10,8).

Wir, die wir die Wahrheiten der Bibel verkündigen, machen uns oft schuldig, weil wir diese Wahrheiten zwar im Kopf haben, sie aber nicht in unseren Herzen lebendig erfahren. Wir wissen, dass uns vergeben worden ist, „weil es so in der Bibel steht“. Der Vater aber möchte, dass wir mehr erfahren als nur eine Vergebung „auf dem Papier“. Er möchte etwas Großartiges in unseren Herzen bewirken. Er möchte, dass Vergebung zu einer unauslöschlichen Erfahrung für uns wird und nicht nur irgendein Ereignis unter vielen bleibt. Wenn zwei Menschen, die sich fremd geworden waren, einander vergeben und die Bande der Freundschaft wieder knüpfen, dann ist das mehr als ein formales Ereignis. Es werden vielmehr Tränen fließen, es wird gelacht und gescherzt und das Gespräch kommt wieder ungezwungen in Gang. Das alles aber ist ein Zeichen dafür, dass etwas tief in unserem Innern geschehen ist.

Indem uns Gott vergibt und uns reinigt, bewirkt er etwas in unserem Innern. Damit hilft er uns, die Sünde noch mehr zu hassen und ihn noch mehr zu lieben. Dadurch wappnen wir uns noch wirkungsvoller gegen die Angriffe des Feindes. Wir werden auferbaut und bereit gemacht, denen zur Seite zu stehen, die ihrerseits gesündigt haben. Wahre Vergebung bringt Gemeinschaft hervor und Gemeinschaft macht dienstbereit. Vergebung heißt nicht, dass die Strafe lediglich zur Bewährung ausgesetzt wird. Vergebung ist Wiederherstellung – und das ist doch ein Grund zum Jubeln, oder?

# 21

# Was werde ich dafür bekommen?

Fachleute, die unsere Gesellschaft und ihre Fehlentwicklungen genau beobachten, geben den verschiedenen Zeitabschnitten und Generationen gern passende Namen. So gab es die Beatgeneration. Bei uns in Amerika sprach man von der „Lost Generation“ und der „Now Generation“, Inzwischen aber sei eine neue Generation herangewachsen – die „Ich-Generation“.

Diese Ich-Generation sei egoistisch und denke nur ans eigene Vergnügen. Der bekannte Soziologe David Reisman von der Harvard-Universität sprach von „ausgeprägter Egozentrik“, was schlicht ausgedrückt nichts anderes bedeutet als „Selbstsucht“. Das Motto dieser neuen Gesellschaft lautet: „Kümmere dich um dich selbst und handle, wie du es für richtig hältst.“ Das eigene Wohlergehen ist zum ausschließlichen Lebenssinn geworden.

Es gibt nichts Neues unter der Sonne. Tatsächlich hat es die Ich-Generation schon gegeben, als Eva sich entschloss, ihren eigenen Weg zu gehen, und Adam ihrem Beispiel folgte. Die menschliche Natur ist von Grund auf sündig, und das heißt, dass sie auch von Grund auf egoistisch ist. Säuglinge werden als Egoisten geboren, was in diesem Alter noch eine Überlebensstrategie ist. Tragisch ist nur, dass viele Menschen diesem infantilen Egoismus nicht entwachsen. Und die Gesellschaft scheint sie darin noch zu bestätigen.

Man sollte meinen, dass die Wiedergeburt – die geistliche und moralische Erneuerung, die mit dem Glauben an Jesus Christus einhergeht, den Egoismus spontan überwinden hilft. Aber die Heilung ist nicht sofort vollständig. Leider sind die meisten von uns immer noch anfällig dafür, Wanderer zwischen den Welten zu bleiben. Und wie die verlorenen Schafe will jeder seinen eigenen Weg gehen. Das Übel zeigt sich bei den Christen, die ihre Gemeinde verlassen, weil sie in ihnen nicht das finden, was sie suchen. Es zeigt sich aber auch bei Eheleuten, wenn der Mann oder die Frau bekunden: „Die Ehe gibt mir nichts mehr, deshalb gehe ich fort."

Wo aber steht in der Bibel, dass wir etwas von unserer Gemeinde bekommen sollen? Jemand hat einmal gesagt, die Gemeinde sei wie eine Bank: Man kann nichts abheben, solange man nichts eingezahlt hat. Und die Ehe? Ist ihr Hauptzweck, den Eheleuten alle Wünsche zu erfüllen? Schriftstellen wie Epheser 5,22–33 und 1. Korinther 7,1–5 deuten doch darauf hin, dass die gegenseitige Befriedigung in der Ehe tiefere Ursachen hat als nur ein eher oberflächliches Vergnügen. „Ich habe nichts von meiner Ehe", ist wahrscheinlich das Bekenntnis eines Menschen, der nichts in seine Ehe investiert.

Christen können sich eigentlich gar nicht der Ich-Generation zugehörig fühlen, denn sie alle sind Teil des Leibes Christi. Und das bedeutet, dass wir einander gehören. Darüber hinaus haben wir das Vorrecht und die Aufgabe, einander zu dienen. Ich habe mindestens 14 Stellen im Neuen Testament gefunden, wo wir aufgefordert werden, einander zu lieben. Und mehr als 20 Mal habe ich das Wort „einander" gefunden – „erbaut einander", „ermahnt einander", „tragt einander die Lasten" und „sorgt füreinander". Wer diese Gebote ernst nimmt, dem wird es schwerfallen, sich in der Ich-Generation zu Hause zu fühlen.

Zweifellos ist die Ursache einer falschen „christlichen Egozentrik" darin zu suchen, dass wir das „persönliche Christentum" zu sehr in den Mittelpunkt gerückt haben. An erster

Stelle steht danach das Individuum, nicht die Familie oder die Gemeinde. Viele christliche Bücher heute betonen das individuelle Erleben so sehr, dass oft die Gemeinschaft der Gläubigen in der Gemeinde völlig an Bedeutung verliert. Die moderne christliche Musik ist oft nur noch Ausdruck ganz auf die eigene Person bezogener Bekenntnisse – „das alles hat Jesus für mich getan". Oft werden solche Erfahrungen nicht mehr mit den Belangen der gesamten Gottesfamilie und den Nöten der verlorenen Welt in Beziehung gesetzt. Die schlimmsten Missetäter sind im Grunde genommen jene durchaus wohlmeinenden Geschwister, die Seminare abhalten, in denen es nur noch darum geht, den Einzelnen zu stärken und aufzubauen. Dabei wäre es viel wichtiger, den Einzelnen zu befähigen, in der Gemeinschaft mit anderen die Gemeinde aufzubauen.

Wir leben in einem Zeitalter der umjubelten Starprediger. Das sind die Menschen, die Christen dazu benutzen, deren Glaubenswerk aufzubauen, anstatt ihre Missionswerke dazu zu benutzen, Menschen aufzuerbauen. Wenn wir uns auf diese Entwicklung einlassen, driften wir in eine „evangelikale Egozentrik" ab, ohne es zu bemerken. Und so fragen wir dann vielleicht irgendwann wie Petrus: „Was werden wir dafür bekommen?" (s. Matthäus 19,27; NeÜ). Mit der Hilfe des Herrn wird es uns jedoch gelingen, die Frage umzuformulieren: „Was ich aber habe, das gebe ich dir" (Apostelgeschichte 3,6).

Das Kreuz Jesu Christi macht die Hohlheit der Lebensphilosophie dieser Ich-Generation offenbar. Es sind eben zweierlei Dinge, ob ich nur „Fels des Heils, geöffnet mir" singe oder mein Leben gebe für die Brüder. Das Kreuz und die Selbstsucht harmonieren niemals. Sie werden immer im Streit miteinander liegen. „Die aber dem Christus Jesus angehören, haben das Fleisch samt den Leidenschaften und Begierden gekreuzigt" (Galater 5,24). Das müsste eigentlich das Ende aller Selbstsucht sein!

Ich fürchte, dass die Lebensphilosophie der Ich-Generation die Gemeinde in Zukunft noch weiter unterwandern wird. Das ist eine Entwicklung, die wir mit allen uns zu Gebote stehenden geistlichen Waffen bekämpfen müssen. Wir sollten beten: „Nicht mein Wille, sondern dein Wille geschehe." Unsere Gemeinde darf für uns nicht ein Verein zur Freizeitgestaltung sein, von dem wir etwas erwarten. Sie sollte für uns immer die Bruderschaft sein, in der wir aufgehen und uns engagieren. Das individuelle Christentum hat durchaus seine Berechtigung, aber es darf eben nicht individuell bleiben. Das Gebet des Herrn beginnt nicht mit der Anrede: „Mein Vater", sondern: „Unser Vater" und bleibt auf der Linie des „Unser".

Ich bin überzeugt, dass die Geschwister, die den Nächsten immer im Auge haben, letztlich am meisten von ihrem Glauben profitieren werden. Was immer die modernen Trendsetter auch behaupten mögen, allein der wird sein Leben finden, der es um anderer willen verliert. Tiefe Zufriedenheit im Leben haben letztlich nur die gespürt, die bereit waren, es für andere einzusetzen. Das gilt sowohl in der Familie als auch in der Gemeinde. Wenn Sie sich einsetzen, wird sich das auszahlen – hier und in der Ewigkeit!

# 22

# Gesucht: urteilsfähige Christen

Wenn Sie sich viel Kummer und Missverständnisse im Leben ersparen wollen, sollten Sie sehr genau unterscheiden zwischen Überzeugungen, Meinungen, Vorurteilen und Vorlieben.

Man sagt, eine Meinung habe man, aber eine Überzeugung habe einen. Für die meisten gibt es nur wenige feste Überzeugungen, doch an diesen halten sie in der Regel unbeirrt fest. Unsere Überzeugungen sind die Windrose des Lebens, nach der wir unseren Kurs bestimmen. Sie sind unser Fundament, durch das wir festen Boden unter den Füßen haben, auch wenn um uns herum alles ins Wanken gerät.

Zu Überzeugungen gelangen wir meist nach inneren Kämpfen und durch Konflikte. Doch die Meinung ändern wir unter Umständen schon beim Plausch in der Kaffeepause. Überzeugungen entstehen durch Konflikt und Leid. Wie Isaak noch einmal die Brunnen graben musste, die schon sein Vater vor Zeiten gegraben hatte (1. Mose 26,17–33), so muss jede neue Generation die Kraft und die Realität geistlicher Überzeugungen für sich entdecken. Ein Glaube aus zweiter Hand ist in Wahrheit gar kein Glaube.

Der Evangelist George Whitefield fragte einen Mann, was er denn glaube. Der Mann erwiderte: „Ich glaube, was meine Gemeinde glaubt.“

„Was glaubt denn Ihre Gemeinde?“, fragte Whitefield.

„Meine Gemeinde glaubt, was ich glaube“, lautete die Antwort.

„Was glauben Sie und Ihre Gemeinde?“, fragte der Evangelist.

„Wir glauben beide dasselbe!“

Dieser Mann glaubte, eine bestimmte Überzeugung zu vertreten, doch in Wahrheit vertrat er nur Meinungen aus zweiter Hand.

Die Lehren des christlichen Glaubens über Gott, Jesus Christus, den Heiligen Geist, die Bibel und Gottes Heilsplan, die unsere Glaubensüberzeugungen ausmachen, haben die Gemeinde über die Jahrhunderte geführt. Diese Glaubenssätze und ethischen Normen sind in der Vergangenheit angegriffen worden und sie werden auch heute noch bekämpft. Gottes ewige Wahrheit aber wird diesen Attacken des Feindes auch weiterhin widerstehen.

Um zu Überzeugungen zu gelangen, müssen wir meist einen schweren Weg gehen. Meinungen jedoch bilden sich schnell und sind leicht zu ändern. Oft haben wir gar keine rechte Begründung dafür. Es gibt allerdings Meinungen, die wohl durchdacht sind und wert, verteidigt zu werden. Aber eine Meinung sollte nie so von uns Besitz ergreifen wie unsere Überzeugungen, die ein fester Bestandteil unserer Persönlichkeit geworden sind. Meinungen sollte man jederzeit infrage stellen lassen, Überzeugungen aber nicht. Natürlich sollten wir uns zu unseren Überzeugungen äußern, über sie diskutieren und so noch weiter zu den Grundprinzipien unseres Glaubens vordringen. Wir stellen allerdings den Wahrheitsgehalt dieser Prinzipien nicht zur Diskussion.

Meinungen bilden wir uns durch die verschiedensten Erlebnisse im Alltag. Nachdem ich Tausende von Meilen mit verschiedenen Fluglinien zurückgelegt habe, konnte ich mir eine Meinung darüber bilden, welche Airlines besser und welche schlechter sind. Aber ich kann diese Meinung nicht anhand von

Statistiken und konkreten Daten untermauern. Ich habe auf vielen Bibelkonferenzen gesprochen und ich habe mir eine Meinung zu den einzelnen Veranstaltungen gebildet. Aber nur Gott kennt die wahren Hintergründe. Ich weiß nicht, ob es Ihnen genauso geht wie mir, aber mit der persönlichen Reife habe ich schon öfter meine Meinung gewechselt.

Es ist gefährlich, flüchtige Meinungen mit demselben Respekt zu behandeln wie unsere festen Überzeugungen. Gerade als Christen müssen wir lernen, die Meinung des anderen zu akzeptieren und sie nicht zum Maßstab für seine geistliche Reife zu machen.

Ambrose Bierce definierte das Vorurteil als „beliebige Meinung ohne nachprüfbaren Grund". Das Vorurteil ist oft ein Kind der Unwissenheit, das sich hartnäckig halten kann. Unsere Überzeugungen können wir mit dem Wort Gottes verteidigen, unsere Meinungen lassen sich anhand unserer persönlichen Erfahrungen erklären. Vorurteile aber sind wir nicht bereit, ernsthaft zu hinterfragen – wahrscheinlich weil wir insgeheim fürchten, sie könnten sich als falsch herausstellen. Wir alle haben unsere Vorurteile. Einige davon sind eine Erblast, die wir der Atmosphäre zu Hause oder in der Schule zu verdanken haben, während wir uns andere nach und nach im Laufe unseres Lebens aufladen. Ich denke, dass Vorurteile keinen allzu großen Schaden anrichten, solange wir sie mit Skepsis betrachten und nicht zulassen, dass sie unser Leben bestimmen.

Es gibt natürlich auch Vorurteile, die alles vergiften. Die Behauptung, eine Rasse sei der anderen überlegen oder Behinderte seien als Mitmenschen geringer zu bewerten, ist zerstörerisch.

Vorurteile sind oft das Produkt bestimmter Vorlieben. Persönliche Vorlieben aber lassen sich nicht erklären. Ich bevorzuge klassische Musik, andere hören gern Unterhaltungsmusik und wieder andere mögen gar keine Musik. Ich esse gerne chinesische Gerichte. Andere würden sie niemals anrühren.

Ich denke, wir Christen sind uns einig, was Gott von uns erwartet: Anbetung, Wachstum im Glauben, Liebe, Hilfsbereitschaft und Verbreitung des Evangeliums. Doch wir sind oft nicht einer Meinung, wie diese Dinge in die Tat umgesetzt werden sollen. In den Zielen stimmen wir zwar überein, weil wir gemeinsame Überzeugungen haben, aber über die Mittel sind wir längst nicht immer einer Meinung. Wenn es darum geht, unsere Überzeugungen zu praktizieren, stehen uns unsere Meinungen und Vorurteile oft unverrückbar im Weg. Und immer wieder fällt es uns schwer, genau zu unterscheiden, was Meinung und was Überzeugung ist.

Wie sieht es zum Beispiel bei der Berufung eines Pastors aus? Keine evangelikale Gemeinde würde auch nur in Erwägung ziehen, einen Bewerber einzustellen, der die Jungfrauengeburt oder das Werk Christi am Kreuz leugnet. Unsere Überzeugungen sprächen dagegen. Aber wie geht es dann weiter? Die jüngeren Leute wünschen sich einen jüngeren Pastor, während die Älteren sich einen „gestandenen" Mann wünschen, der ihre Probleme versteht. Ein Ältester wünscht sich einen Bibellehrer als Pastor, der es versteht, die Bibel Vers für Vers auszulegen, während sich ein anderer einen inspirierenden Prediger wünscht, der mit lebensnahen Predigten aufrütteln kann. Ich habe schon erlebt, dass Älteste einen Bewerber ablehnten, weil er sie an einen früheren Pastor erinnerte, den sie nicht leiden konnten.

Denken wir an den Bereich der Kirchenmusik. Noch vor ein paar Jahrhunderten war es in puritanischen Gemeinden Sitte, nur Davids Psalmen für die öffentliche Anbetung zu benutzen. (Man übersah Epheser 5,19: „Psalmen und Loblieder und geistliche Lieder".) Als begabte Männer und Frauen neue Lieder zu schreiben begannen – die sich zudem eng an biblische Texte hielten –, wurden sie heftig gescholten. Und als Gemeinden dazu übergingen, neben der Orgel auch andere Instrumente einzusetzen, meinten einige fromme Leute, Gottes Gericht werde über sie alle kommen. (Sie hätten einmal hören sollen, was heute manchmal in den Kirchen geboten wird!) Sogar Moody und Sankey mussten noch gegen hartnäckige Vorurteile ankämpfen, wenn sie in Großbritannien predigten, weil Sankey eine tragbare Orgel benutzte und Lieder sang, die keine Psalmengesänge mehr waren.

Wir scheinen zu vergessen, dass auch die großen Choräle und Glaubenslieder einmal neue Lieder waren und viele von ihnen kritisiert und abgelehnt wurden.

Wenn wir auf der Basis echter Überzeugungen handeln, fürchten wir uns nicht vor der Wahrheit. Wir wissen, dass jede Wahrheit Gottes Wahrheit ist und dass sich alle Wahrheiten zusammenfügen müssen. Handeln wir aber auf der Grundlage von Meinungen und Vorurteilen, wollen wir die Fakten oft nicht wahrhaben und uns nicht allzu gründlich damit befassen. „Ich habe mir meine Meinung schon gebildet – versuche mich also nicht mit Tatsachen umzustimmen!" Das ist der Grund, warum Menschen mit hartnäckigen Vorurteilen selten etwas dazulernen. Sie wissen ja schon alles! Das sind jene, die zornige Briefe schreiben („Hiermit kündige ich mein Abonnement!") oder verärgert den Gottesdienst verlassen, weil der Pastor aus einer unbekannten Übersetzung vorlas.

Ich wurde einmal von einem Studenten kritisiert, der einige meiner Bücher nicht gut fand, weil ich darin aus verschiedenen Bibelübersetzungen zitiert hatte. „Die King-James-Übersetzung ist die einzige Bibel", sagte er. „Sie ist das einzig autorisierte Wort Gottes!"

Als er sich wieder beruhigt hatte, bat ich ihn, mir drei Fragen zu beantworten: Was war mit dem Wort Gottes vor 1611, dem Jahr, in dem die King-James-Übersetzung veröffentlicht wurde? Was ist mit dem Wort Gottes auf dem Missionsfeld, wo die Menschen kein Englisch lesen können? Wer autorisierte die King-James-Übersetzung als Wort Gottes?

Er bemerkte natürlich sofort, in was für eine verzwickte Lage er sich hineinmanövriert hatte. Wenn jemand eine Übersetzung als Wort Gottes autorisieren könnte, dann hätte er eine höhere Autorität als die Bibel selbst. Außerdem ist es unvorstellbar, dass es zwischen Pfingsten und 1611 keine richtige Bibel gab. Und noch unvorstellbarer ist es, dass unsere Missionare, die ihr Leben der Übersetzung und Verteilung der Bibel widmen, für Bibelausgaben ihre Zeit verschwenden, die nicht Gottes Wort zum Inhalt haben.

Wenn wir uns mit jemandem nicht einigen können, dann sollten wir uns erst einmal fragen: „Geht es um Überzeugungen, um Meinungen, um Vorurteile oder um Fragen des persönlichen Geschmacks?" Wenn es um grundsätzliche Überzeugungen geht, dann sollten wir imstande sein, in der Bibel eine Antwort zu finden. Dazu müssen wir miteinander in Liebe und mit Geduld umgehen. Doch ich werde das Gefühl nicht los, dass die wenigsten Differenzen auf Unterschiede in den Überzeugungen zurückzuführen sind. Die meisten Zwistigkeiten beruhen auf Meinungsverschiedenheiten und Vorurteilen.

Es bleibt genügend Raum für Abwechslung und Vielfalt in der Gemeinde. Die zwölf Apostel waren ganz verschiedene Charaktere. Es gibt Vorurteile, die tragische Auswirkungen haben. Es gibt aber auch harmlose und sogar komische. Unsere Meinungen wechseln von Jahr zu Jahr, vielleicht sogar von Woche zu Woche. Es darf deshalb zwischen Christen Meinungsverschiedenheiten geben, ohne dass dadurch die Einheit der Gemeinde gefährdet wird. Und Gott kann Menschen segnen, die nicht unserer Meinung sind!

Möge der Herr uns Unterscheidungsfähigkeit schenken, damit wir erkennen, wer unser Feind ist und welche Schlacht es wirklich wert ist, geführt zu werden.

# 23

# Schubladen

Schon vor Jahren hat uns A.W. Tozer vor der – wie er es nannte – „Schubladen-Mentalität“ gewarnt. Mit dieser Grundhaltung neigen wir dazu, alles in Schubladen einzuordnen und deren Inhalt selten zu überprüfen.

Viele Dinge, die wir irgendwo eingeordnet haben, verändern sich ja tatsächlich nicht. Sünde bleibt Sünde. Sie muss immer in derselben Schublade bleiben. Gehorsam ist Gehorsam, und Wahrheit bleibt Wahrheit. Christen sollten natürlich nicht so weitherzig sein, dass jeder Windstoß einer neuen Lehre in sämtliche Schubfächer blasen kann. Wenn wir eine grundlegende Frage mit dem Herrn geklärt haben, dann ist der Punkt abgehakt und gehört nicht wieder auf die Tagesordnung. Aber selbst evangelikale Christen neigen dazu, bewusst oder unbewusst ihr „Schubladendenken“ zu kultivieren. So kann man zum Beispiel die Bibel lesen und alles nach einem bestimmten Schema einordnen: Diese Aussage gilt den Juden, jene der Gemeinde Jesu und dieser Text meinem Nächsten, aber nicht mir. Deshalb sollten wir beim Bibelstudium darauf achten, uns strikt an Auslegungsregeln zu halten, sonst entnehmen wir der Bibel Dinge, die ganz anders gemeint sind. Fast alle christlichen Sekten berufen sich mit ihrer falschen Lehre auf die Autorität der Bibel. Das ist nur möglich, weil man sich subtiler Formen der Falschauslegung bedient.

Ich möchte deshalb vor einer Denkweise warnen, durch die die verschiedenen Teile der Schrift so in Schubladen gesteckt werden, dass die Bibel als Ganzes ihre Aussagekraft verliert. Die Bibel ist wie das saumlos gewebte Gewand unseres Herrn, und wir müssen zusehen, dass wir es nicht in Stücke reißen. Natürlich ist keine einzige Zeile der Bibel unmittelbar an uns gerichtet worden, denn wir haben ja damals noch nicht gelebt. Dennoch wurde die ganze Bibel *für* uns geschrieben. Alles, was darin steht, wird uns nützen, wenn wir es zulassen, dass der Heilige Geist uns erleuchtet und befähigt.

Vielleicht ist Ihnen der Begriff „Hermeneutik" nicht geläufig. Es ist das wissenschaftliche Verfahren der Auslegung und Erklärung eines Textes. Man verwendet es vor allem im Zusammenhang mit der Auslegung der Bibel. In den letzten Monaten habe ich mich besonders intensiv mit Auslegungsfragen beschäftigt, und dabei ist mir eine Tatsache besonders unangenehm aufgefallen: Viele Theologen sind so sehr ihrem Denkschema verhaftet, dass sie dem Heiligen Geist keinen Raum mehr lassen, sich zu entfalten. Vieles wirkt so theoretisch. Ich begreife die Prinzipien und ich stimme den Zielen zu. Dennoch stört mich, wie mechanisch man mit dem lebendigen Wort Gottes umgeht. Dem frischen Wind des Geistes wird nicht gestattet, überall dort zu wehen, wo er will. Er soll sich gefälligst an die Regeln halten.

Vielleicht ist das die Erklärung, warum so viele Predigten trockene Vorträge sind und keine vollgültige geistliche Nahrung anbieten. Ich bin nicht gegen das systematische Aufarbeiten von Themen. Auch ich tue das in meinen Predigten und Büchern. Doch ein Abriss theologischer Inhalte ist so wenig eine Predigt, wie ein Rezept die Mahlzeit oder die Bauzeichnung das Gebäude ist. Wir schreiben unsere Notizbücher voll und unsere Köpfe rauchen, aber unsere Herzen bleiben dabei kalt und leer. Unser Wissen wächst stetig, aber die Gnade verkümmert. Gesegnet ist der Pastor, der nicht nur den Tisch ordentlich decken kann, sondern auch noch ein gutes Stück Fleisch auf die Teller legt!

Auch im Umgang mit anderen Menschen ist das Schubladendenken weit verbreitet. Selbst in unserem Dienst in der Gemeinde sind wir dagegen nicht gefeit. Es ist leicht, jemanden abzustempeln und zu glauben, man habe ihn damit ganz erkannt. Manchmal sind Etiketten auf Produkten notwendig als Warnung vor Gefahren. Mancher religiöse Führer und so manche fromme Organisation muss tatsächlich als „gefährlich" abgestempelt werden. Wir müssen uns aber davor hüten, Etiketten nach eigenem Gutdünken zu verteilen, ohne zu wissen, was Gott dazu sagt. Im Neuen Testament ist von denen die Rede, die den Glauben wahren, und von jenen, die ihn leugnen. Diese zwei Kategorien sind auch nach 2.000 Jahren noch gültig. Warum sollten wir noch andere hinzufügen?

In Frage steht auch nicht die deutliche Abgrenzung zwischen bibeltreuen und liberalen Christen, denn hier sind ziemlich klare Linien gezogen. Probleme gibt es erst, wenn wir die unterschiedlichsten Strömungen innerhalb der bibeltreuen Gemeinde von heute etikettieren wollen. Bei der Beschäftigung mit dem Leben großer Prediger fiel mir auf, wie schwer es ist, diese Gottesmänner in bestimmte Schubladen zu stecken. Zum Beispiel Bischof J. C. Ryle (1860–1900). 20 Jahre lang war er Bischof von Liverpool und verkündigte dort treu das Wort Gottes. Dennoch nannten ihn einige in der Anglikanischen Kirche einen Kompromissler. Er war wahrscheinlich aber auch der erste Geistliche in der Kirchengeschichte, den man als neo-evangelikal bezeichnen könnte. In welche Schublade sollen wir ihn stecken?

Das Problem mit den Schubladen ist, dass die Menschen, die sie vollstopfen (und wir gehören dazu), dazu oft gar nicht kompetent genug sind. Häufig wird aufgrund falscher Annahmen und unvollständiger Informationen geurteilt. Der eine beurteilt seinen Pastor nach der Übersetzung, die er verwendet; der andere schaut sich seine Bibliothek an; ein Dritter möchte wissen, welche Freunde der Pastor hat; und wieder ein anderer beurteilt ihn nach seiner Schulbildung. Wenige begreifen, dass es nur den einen entscheidenden Prüfstein gibt: „An ihren Früchten werdet ihr sie erkennen" (Matthäus 7,20). Wie sehen die Früchte ihres Lebens und ihres Dienstes aus? Werden Menschen gesegnet und wird ihnen geholfen? Wird Jesus durch den Dienst des Pastors verherrlicht?

Es fiel mir nicht leicht, es zu akzeptieren, aber ich musste lernen, dass Gott Menschen segnet, die ganz anderer Meinung sind als ich. Ich spreche von wiedergeborenen Christen, die ganz andere Vorstellungen haben, deren Bibelauslegung und deren Methoden sich von meinen unterscheiden.

Ein dritter Bereich, in dem das „Schubladendenken" großen Schaden anrichtet, ist der Wille Gottes. Viele Menschen glauben, der Wille Gottes sei so unflexibel, dass jeder ihrer Fehltritte die großen Pläne Gottes durcheinanderbringt und sie deshalb Gott nicht mehr dienen können.

Die meisten Entscheidungen, die Sie und ich täglich treffen, sind spontan und entsprechen dem gesunden Menschenverstand. Wenn wir Gemeinschaft mit Gott pflegen und uns ihm zur Verfügung stellen, wird er uns darüber hinaus den richtigen Weg weisen. Kommen wir vom Weg ab, wird er uns zurechtweisen. Reagieren wir darauf nicht und erkennen wir unsere Sünde nicht, so wird er uns strafen. Niemals aber dürfen wir auf den Gedanken kommen, unser Versagen sei zu groß für Gottes Gnade und Macht.

Unter den gläubigen Christen gibt es immer wieder solche, die fast schon neurotisch darauf versessen sind, den Willen Gottes zu erforschen. Sie beschäftigen sich nur noch mit Regeln und Formeln zur Erforschung des göttlichen Willens, sodass sie gar keine Zeit mehr finden, Gemeinschaft mit dem Gott zu pflegen, dessen Willen sie um jeden Preis tun wollen. Was für ein Unsinn! Die beste Art, Gottes Gedanken kennenzulernen, ist es, uns zu bemühen, aus der persönlichen Nähe sein Herz zu erforschen und den Geboten zu folgen, die er uns bereits gegeben hat. Wir sollten nicht dem Tausendfüßler gleichen, der flink umherlief, bis die Ameise ihn fragte, woher er denn immer wisse, welches Bein als Nächstes zu bewegen sei. Der arme Tausendfüßler war dadurch so verwirrt, dass er nicht mehr laufen konnte!

Es ist keine Sünde, Pläne zu schmieden, konkrete Ziele anzusteuern und das Beste aus der uns zur Verfügung stehenden Zeit zu machen. Doch ich fürchte, dass wir häufig den Willen Gottes derart mit eigenen Vorurteilen befrachten und keinen Raum mehr lassen für die netten Überraschungen aus Gottes Hand. Wenn wir unsere Zeit nach allzu festgefügten Vorstellungen gestalten, bringen wir uns um all die „inspirierten Überraschungen", die dem Herzen Gottes und auch uns so viel Freude machen. Wer sein Leben nach vorgefassten Meinungen gestaltet, bei dem läuft alles nach „Fahrplan", aber die Tage sind grau und langweilig.

Wohl keiner in der Bibel war diesem Denken so sehr verhaftet wie Petrus, bis der Herr ihm die Augen öffnete. Petrus dachte so schematisch, dass er nie auf den Gedanken kam, Jesus könnte tatsächlich am Kreuz sterben. Für ihn war es folgenrichtig, Jesus mit dem Schwert zu verteidigen. Als der Herr Petrus die aufregende Gelegenheit geben wollte, die Frohe Botschaft den Heiden zu bringen, hatte Petrus bereits alle Schubladen bestückt, sodass es für ihn nur eine Anrwort gab: „Keineswegs, Herr! Denn niemals habe ich ... "(s. Apostelgeschichte 10). Was wäre Petrus alles entgangen, wenn Gott sich auf eine solche von Vorurteilen geprägte Sicht des Christentums eingelassen hätte?!

Das Denken in festgefügten Bahnen vermittelt natürlich ein Gefühl der Sicherheit. Aber es bringt auch Unbeweglichkeit mit sich und es behindert den Reifeprozess. Einer meiner Professoren auf dem Bibelseminar erinnerte uns immer wieder daran, dass Gott unerschöpflich originell sei.

Wahrscheinlich hätten wir weniger leblose Christen und Gemeinden, wenn wir das wirklich glauben würden.

## 24

# Lass die Rede meines Mundes ...

Zu meiner Zitatesammlung gehört der Satz von Bischof B. F. Westcott: „Ich bin immer wieder über die Respektlosigkeit erschüttert, mit der Menschen über geistliche Dinge reden."

Die Art, wie jemand über den Glauben redet, ist oft ein Spiegelbild seines Herzens. Menschen, die mit Gott gehen, machen keine Witze über das, was unser Leben mit ihm prägt, noch reden sie darüber in lockeren Sprüchen. Christen ohne tiefen Glauben reden über Gott, die Bibel, über Anbetung und das Kreuz, als unterhielten sie sich über das Wetter oder die neuste Mode.

Ich will damit natürlich nicht sagen, dass wir immer nur mit ernster Miene und gedämpftem Ton sprechen müssen, sobald wir über Gott reden. Übertriebene Frömmelei ist genauso unangenehm wie ein allzu vertraulicher Umgang mit Gott, der das andere Extrem bildet. Ich meine, dass wir respektvoll handeln sollten, damit wir nicht die Schätze unseres christlichen Lebens durch allzu große Vertraulichkeit und eine lockere Sprache herabwürdigen. Worte werden wie Münzen durch allzu häufigen Gebrauch abgegriffen.

Christen, die ein öffentliches Zeugnis geben, müssen sich vor dieser Gefahr hüten. Nichts tötet den Geist einer Veranstaltung mehr als die religiösen Schaumschläger, die kein Ende finden mit „ihrem Zeugnis“ und mehr von sich als vom Herrn erzählen. Und wenn sie doch einmal den Herrn erwähnen, dann hört sich das so anmaßend und plump-vertraulich an, als wären sie gerade von einem Besuch im dritten Himmel zurückgekehrt. Wer genau hinhört, wird merken, dass bei solch einem „Zeugnis“ übertrieben worden ist. Man ist so leicht geneigt, ein bisschen mehr zu erzählen, als man tatsächlich erlebt hat. Da ist man dann schnell ein „tönendes Erz oder eine klingende Schelle“.

Wir Prediger des Wortes Gottes müssen also auf der Hut sein. Wie leicht vermitteln wir den Eindruck, uns in allem auszukennen und alles schon einmal erlebt zu haben. Zuallererst müssen wir uns selbst predigen, bevor wir anderen predigen dürfen. Es fällt nicht schwer, auf dem Papier oder auf der Kanzel fromm und religiös zu wirken. Das, was wir predigen, im täglichen Leben in die Tat umzusetzen, ist etwas ganz anderes.

Da wir schon bei dem Thema sind, möchte ich auch den in der Gemeinde für die Musik Verantwortlichen etwas sagen. Die Musik ist eine Gabe Gottes, und sie hat die Macht, Menschen so zu beeinflussen, wie es das gesprochene Wort niemals vermag. So wie der Prediger nicht das Recht hat, Lügen zu verbreiten, so muss auch ein Sänger immer bei der Wahrheit bleiben. Zu einer meiner Gemeinden gehörte eine junge Frau mit einer wunderschönen Stimme. Sie diente uns oft mit einem Solo. Doch leider hatte sie einen recht lockeren Lebenswandel und eines Tages verlobte sie sich mit einem ungläubigen Mann. An einem Sonntag erfuhr ich, dass sie ein Lied mit dem Titel „Unterordnung“ vortragen wollte. Es war eigentlich ein ganz besonders ansprechendes Lied, doch ich konnte es nicht dulden. Ich hatte mich bereits geweigert, die Hochzeitszeremonie durchzuführen. Da konnte ich ihr jetzt nicht gestatten, in der Gemeinde dieses Lied zu singen, wo sie doch ganz offen Gottes Grundregeln für eine christliche Ehe missachtete.

Ein weiteres Ärgernis sind Christen, die Witze über die Bibel machen. Ich möchte keinen dieser sogenannten Witze hier zitieren, um niemanden, der noch arglos ist, zu infizieren. Aber die meisten von uns kennen ohnehin schon einige. Die Bibel ist kein Buch für Spaßvögel, auch wenn man darin Humorvolles findet. Ich bin sicher ein lebenslustiger Mensch, aber diese „Bibelwitze“ finde ich überhaupt nicht komisch. Diese lächerlichen Versuche, dadurch lustig zu wirken, dass man das inspirierte Wort Gottes herabwürdigt, zeigen allzu deutlich, dass der Sprecher die Bibel nicht ernst nimmt. Ich habe sogar schon mit anhören müssen, wie Prediger von der Kanzel solche „Bibelwitze“ zum Besten gaben. Kein Ungläubiger, der solch eine Predigt hört, wird dem Verkündiger glauben können.

Von unerlösten Menschen können wir nicht erwarten, dass sie ehrfurchtsvoll über geistliche Dinge reden, denn sie führen auch kein geistliches Leben. Wenn sie von dem „alten Herrn da oben“ sprechen, dann zucken wir zusammen. Es ist uns jedoch auch klar, dass sie es nicht besser wissen. Wenn aber bekennende Christen solche lockeren Sprüche von sich geben, dann sollte uns das besorgt machen.

Um nicht missverstanden zu werden, möchte ich hier gleich hinzufügen: Ich spreche mich keineswegs dafür aus, in geistlichen Dingen nur noch „Kanaanäisch“ zu sprechen. Es geht nicht um Vokabular und Redeweise, sondern um Realität und Wahrheit. Das wollte auch Salomo zum Ausdruck bringen, als er schrieb: „Sei nicht vorschnell mit deinem Mund, und dein Herz eile nicht, ein Wort vor Gott hervorzubringen!“ (Prediger 5,1). Jesus nahm Bezug auf diese Erkenntnis, als er sagte: „Es sei aber eure Rede: Ja, ja! Nein, nein! Was aber darüber hinausgeht, ist vom Bösen“ (Matthäus 5,37).

Der Mensch mit einem wahrhaft christlichen Lebenswandel, dessen Nähe zu Gott sich in seinen Taten widerspiegelt, hat es nicht nötig, viele Worte zu machen, um andere von seinem Glauben zu überzeugen. Ich habe immer wieder die Erfahrung gemacht, dass wahre Männer und Frauen Gottes „schnell zum Hören und langsam zum Reden“ sind (Jakobus 1,19). Wenn wir uns in der Gemeindearbeit wegen organisatorischer Dinge zusammensetzen, beobachte ich immer wieder, wie unreife Christen pausenlos reden und die Tagesordnung bestimmen, während die gestandenen Christen in Ruhe abwarten und nur dann etwas sagen, wenn der Geist sie dazu animiert. Die wenigen Worte, die aus dieser Gruppe kommen, haben oft ein viel größeres Gewicht als der Redeschwall der anderen.

Die Juden weigern sich, den Namen Gottes über ihre Lippen kommen zu lassen. Ich bin mit dieser Praxis zwar nicht einverstanden, aber ich bewundere doch die Ehrerbietung, die dadurch zum Ausdruck kommt. Wie jede andere Sitte kann auch diese Praxis zu einer leeren Tradition verkommen. Doch das Motiv dahinter ist immer noch ehrenwert. Häufig gebrauchen wir Christen den Namen des Herrn allzu leichtfertig und plump-vertraulich – selbst in unseren Gebeten.

In seinem Hohepriesterlichen Gebet (aufgeschrieben in Johannes 17) begnügte sich der Erlöser damit, Gott mit „Vater", „gerechter Vater" oder „heiliger Vater" anzureden. Wir meinen, es besser machen zu müssen, und reden den Vater mit allen möglichen zusätzlichen Adjektiven an. Ich nenne hier absichtlich keine Beispiele, um nicht noch zu deren Gebrauch anzuregen. Vielleicht meinen wir es ja tatsächlich ernst. Trotzdem frage ich mich manchmal, ob wir nicht unbewusst versuchen, andere durch unsere „tiefe Frömmigkeit" zu beeindrucken.

Wer Kinder großgezogen hat, weiß, dass die meisten Kinder Phasen durchlaufen, in denen Reden und Schwatzen ihr Leben auszumachen scheinen. Es gibt auch Teenager, die diese Phase ein zweites Mal erleben. Sie sind der irrigen Meinung, dass ein besprochenes Problem auch gleich ein gelöstes Problem ist. (Es gibt auch Erwachsene, die so denken. Sie sitzen meistens in irgendwelchen Ausschüssen.) Sie halten große Reden, aber was sie sagen, verändert nicht ihr Leben. Sie meinen es sicher ernst. Und wenn man sie diesbezüglich zur Rede stellen würde, wären sie sicher schockiert. Doch es ändert sich meist nichts:

viele Worte und wenig Taten. „Dummes Geschwätz" nennt die Welt das. Salomo hat es noch pointierter gesagt: „Seinen ganzen Unmut lässt der Tor herausfahren" (Sprüche 29,11).

Die Welt lässt sich von dem frommen Geschwätz, das wir Christen oft von uns geben, nicht sonderlich beeindrucken. Den ganzen Tag über werden die Menschen mit Worten bombardiert – in der Werbung, in der Politik, im Geschäftsleben. Da schalten viele einfach ab. Deshalb sollten wir lieber ein paar ausgewählte Worte äußern, denen man anmerkt, wie ernst gemeint sie sind, statt die Menschen mit Geschwätz vom Evangelium abzuschrecken. Lieber sollten wir schweigen, statt leichtfertig und ohne den nötigen Ernst über die so wertvollen Aspekte des christlichen Lebens zu schwadronieren.

Wir müssen gar nicht fluchen, um Gottes Namen zu missbrauchen. Wenn wir ihn im Zusammenhang mit irgendwelchen Banalitäten gebrauchen, haben wir uns bereits schuldig gemacht. Plumpe Vertraulichkeit kann den göttlichen Namen genauso herabwürdigen wie offene Gotteslästerung. Wer über erhabene geistliche Dinge redet wie über Banalitäten, der sündigt genauso wie jemand, der alles leugnet.

Was können wir tun? Zunächst müssen wir Gott bitten, unser Herz zu reinigen und uns unsere wortreiche Heuchelei zu vergeben. Der nächste Schritt ist, sich um einen christlichen Lebenswandel zu bemühen, der sich an den Realitäten orientiert. Wir wollen Gott gefallen und nicht Menschen beeindrucken. Es bedeutet Wachstum im Glauben, wenn wir uns davor hüten, unser Denken und Fühlen immer nur von leeren Worten bestimmen zu lassen. Wenn unsere Ehrfurcht vor Gott zunimmt, wird sich diese Erfahrung in dem, was wir sagen, gewiss niederschlagen.

Deshalb sollten wir uns an die Worte des Psalmisten halten: „Lass die Reden meines Mundes und das Sinnen meines Herzens wohlgefällig vor dir sein, HERR, mein Fels und mein Erlöser" (Psalm 19,15).

# 25

# Medizin für ausgebrannte Christen

Es gibt wohl kaum ein Wort, das den Zustand eines Pastors von heute treffender beschreibt als „überlastet“. Die Terminkalender sind voll, die Tage verlaufen hektisch und die Anforderungen werden größer und größer. Die wichtigsten Merkmale eines erfolgreichen Christen von heute scheinen ein voller Terminkalender, ein übermüdeter Geist, ein erschöpfter Körper und eine allein gelassene Familie zu sein. Ohne uns dessen bewusst zu sein, haben wir das Eiltempo dieser Welt übernommen und hoffen insgeheim, den Preis dafür – gescheiterte Ehen, Nervenzusammenbrüche, Erschöpfungszustände, Depressionen und Versagensängste – nicht zahlen zu müssen.

Engagement und die Bereitschaft, das Heilswerk Gottes mit aufzubauen, ist sicher nichts, was abzulehnen wäre. Doch wir müssen darauf achten, dass wir Erfolg nach den Maßstäben Gottes messen und nicht nach denen der Geschäftswelt. Wir sind immer schnell für Superlative zu begeistern. Aber hat uns das nicht an einen Punkt gebracht, wo wir nach Zielen streben, die oft gar nicht mehr biblisch sind? Eins weiß ich jedenfalls genau: Es besteht die Gefahr, sehr viel mehr zu verlieren, als wir gewinnen können, wenn wir in den Gemeinden weiterhin so unter Erfolgszwang stehen.

Man kann eigentlich immer nur staunen, wie gelassen unser Herr bei seinem Dienst hier auf der Erde geblieben ist. Nirgends lesen wir, dass er hektisch von Ort zu Ort eilte oder sich beklagte: „Wenn ich doch mehr Zeit hätte!" Und was war der Grund dafür? Er lebte im Einklang mit dem Willen des Vaters, und sein ganzes Bestreben war es, ihm wohlgefällig zu sein. „Hat der Tag nicht zwölf Stunden?", fragte er seine Jünger (Johannes 11,9). An vielen Stellen erinnert uns Johannes in seinem Evangelium daran, dass Jesus sich an einen göttlichen Zeitplan hielt und oft „seine Stunde noch nicht gekommen war" (s. 2,4).

Ich teilte einmal einem Freund mit Bedauern mit, mein Terminkalender sei derart voll, dass ich ihn nicht treffen könne. Er blieb gelassen, lächelte und sagte: „Für den Willen Gottes ist immer Zeit da." Damit hatte er den Nagel auf den Kopf getroffen: Längst nicht jeder Termin in meinem Kalender entsprach dem Willen Gottes. Ich war so krampfhaft darum bemüht, alles erledigt zu bekommen und dafür bewundert zu werden, dass ich ein Opfer meines eigenen Dienstes wurde.

Jesus nahm sich die Zeit, sich von der Menge zu entfernen, um Leib und Seele zu erquicken. Er begann seinen Tag mit Gebet, und aus dieser Gemeinschaft mit dem Vater gewann er die Kraft, die er für die Anforderungen der vor ihm liegenden Stunden brauchte. Er stand immer in Verbindung mit dem Vater, sodass alle seine Entscheidungen Ausdruck des göttlichen Willens waren. Er ging mit einer heiligen Gelassenheit und mit viel Selbstvertrauen durch den Tag, wobei er Liebe, Geduld und innere Stärke ausstrahlte. So ist es kein Wunder, dass er ausrufen konnte: „Kommt her zu mir ... und ich werde euch Ruhe geben" (Matthäus 11,28).

Als Petrus „viele Tage in Joppe blieb", öffnete Gott die Himmel und offenbarte, was als Nächstes zur Ausbreitung des Evangeliums geschehen würde (Apostelgeschichte 9,43). Ich habe schon erlebt, dass übereifrige Prediger an dieser Stelle einschoben, es wäre besser gewesen, wenn Petrus draußen den nach der Frohen Botschaft hungernden Massen gepredigt hätte, als so viele Tage bei einem Gerber zu bleiben.

Ich bin fest davon überzeugt, dass Petrus in Joppe wichtige Aufgaben erfüllen musste, nachdem er Dorkas wieder zum Leben erweckt hatte. Und doch hat man bei der Lektüre dieses Textes den Eindruck, dass Petrus sich hier auch Zeit nahm, um nachzudenken und zu beten. Jeder Christ braucht diese Zeit des Verweilens, sodass Gott ihm vielleicht ein paar neue Erkenntnisse schenken kann.

Aus irgendeinem Grund meinen wir immer, Verweilen sei vergeudete Zeit, Satan warte nur darauf, sich auf uns zu stürzen, wenn wir zu lange stillsitzen. Sicherlich kommen wir in Schwierigkeiten, wenn wir verweilen, um keine Verantwortung zu übernehmen, oder weil es so herrlich bequem ist. Während David in Jerusalem weilte, geschah es, dass er Batseba heimlich beobachtete und dann schrecklich sündigte. Ich vermute allerdings, dass er sie auch schon vorher beobachtet hatte und nur deshalb in Jerusalem blieb, um sich die Frau zu nehmen. „David traf Vorbereitungen für die Sünde“, schrieb Vance Havner.

Wenn wir verweilen, müssen wir nicht faul sein. Wir brauchen diese stillen Zeiten, um uns dem Wort Gottes und dem Gebet zu widmen. Es müssen Zeiten sein, die uns Abstand zur täglichen Routine gewinnen lassen und genug Raum für eine geistliche Erholung und Erquickung schaffen. Wie die Bibel lehrt, ist das Verweilen vor dem Angesicht Gottes niemals Untätigkeit. Sobald wir in der Gegenwart Gottes verharren, richtet sich all unser Sein und Streben auf unseren Herrn.

Auf meinen Reisen sind mir Pastoren, Missionare und Gemeindeleiter begegnet, die innerlich völlig ausgebrannt waren, weil sie all ihre körperlichen und geistlichen Kraftreserven aufgebraucht hatten. In solch einer Situation ist es schon eine große Hilfe, wenn jemand sich als Babysitter anbietet und die Kinder hütet, damit der Pastor und seine Frau einmal gemeinsam fortgehen und Gottes Gegenwart suchen können. Gemeindeleiter, die den ganzen Tag hart arbeiten und dann auch noch die Abende der Gemeinde widmen, müssen mit ihren Familien regelmäßig ausspannen, damit Gott ihnen neue Impulse geben kann. In unserem Eifer für den Gemeindebau bemerken wir oft zu spät, dass wir gleichzeitig unsere Familien zerstören.

Vielleicht geht es Ihnen wie mir, und es fällt Ihnen schwer, Nein zu sagen. Aber wenn wir keine Schutzzonen in unserem Leben einrichten, werden wir irgendwann mit dem Rücken zur Wand stehen, und das kann auch körperlich das Ende bedeuten. Wir alle brauchen die Luft zum Atmen. Ab und zu müssen wir unseren Terminkalender vergessen und einfach nur leben. Der Geiger weiß, dass er seinen Bogen nicht gespannt fortlegen darf, und deshalb löst er ihn nach jeder Vorstellung. Wen wundert es da, dass wir nicht gut klingen, wenn unser Leben Tag für Tag bis auf Äußerste gespannt ist?

Wir Christen sind stolz darauf, nicht von der Welt zu sein. Wir verabscheuen Alkohol, Tabak und unreine Vergnügungen. Doch gleichzeitig lassen wir uns in den erbarmungslosen Existenzkampf dieser Welt mit hineinziehen. Wir wetteifern miteinander um jede Minute unserer kostbaren Zeit. Dabei vergessen wir, dass Gott uns allen nur 24 Stunden zur Verfügung stellt. Das ganze Universum kommt mit diesen 24 Stunden aus. Wir aber versuchen, die Arbeit einer ganzen Woche an einem Wochenende zu bewältigen.

Dennoch bleibt festzuhalten, dass es Zeit braucht, geistlich zu reifen. Die großen Männer und Frauen der Kirchengeschichte, die ein wahrhaft geistliches Leben geführt haben, ließen sich nicht drängen. Sie fürchteten nicht die Stille und das Warten. Auf der Oberschule lasen wir John Miltons Sonett „Über seine Blindheit“. Dabei verstand ich einfach nicht, was Milton mit der letzten Zeile gemeint haben könnte: „Es dienen auch die, die ruhig stehen und warten.“ Heute weiß ich, was der blinde Dichter ausdrücken wollte, auch wenn ich mich im täglichen Leben nicht immer daran halte.

Was ich sagen will, ist schlichtweg dies: Wir alle, die wir Gott dienen wollen, müssen ab und zu verweilen – Stunden oder Tage. Sonst besteht unser Dienst am Ende nur noch aus hektischem Treiben; und das wird uns zerstören, statt uns aufzubauen. Wir können nicht jedermanns Probleme lösen. Wir können nicht jedermanns Fragen beantworten. Wir können nicht jedermanns Einladung annehmen. Wir können nicht all die guten Taten tun, um die wir gebeten werden. Jeder von uns muss den Willen des Vaters erkennen und so seinen Terminplan ordnen und einteilen.

Zeiten der Ruhe und des Verweilens sind Zeiten der Vorbereitung auf die Mühsal des Lebens. Wir verweilen in der Gegenwart des Herrn, um dann für ihn tätig werden zu können. Gott ist unsere Zuflucht im Verborgenen, damit er unsere Stärke auf dem Marktplatz sein kann. Wir sondern uns ab, um ihn zu suchen, nicht aber um dem Leben zu entfliehen. Denn bei ihm werden wir zugerüstet, um im Leben zu bestehen. Verweilen heißt, erquickt und erneuert zu werden. Wir haben Zeit, über unsere Prioritäten nachzudenken, Bekenntnisse auszusprechen und wieder froh zu werden.

Gerade in der Zeit, in der Petrus „viele Tage ... blieb“, öffnete Gott ihm die Türen für eine neue Phase seines Dienstes. So oft wollen wir selbst die Türen aufstoßen. Und dann klemmen wir uns die Finger ein, wenn sie wieder zuschlagen. Aus menschlicher Sicht war das Wirken unseres Herrn hier auf der Erde ein Fehlschlag. Doch der Vater wusste, was der Sohn erreicht hatte. Es spielt also keine Rolle, ob wir in den Hitlisten dieser Welt die obersten Plätze belegen, solange wir den Willen des Vaters tun und ihm die Ehre geben.

Das ist keine Entschuldigung für Faulheit oder Mittelmäßigkeit. Christen, die es verstehen, bewusst zu verweilen, werden mit ihren Leistungen zufrieden sein können. Und das gibt ihnen Selbstvertrauen und ein Gefühl der Zufriedenheit, das nur von Gott kommt.

Wenn wir alle ein bisschen kürzer treten und ein paar Verabredungen aus unserem Terminkalender streichen würden, wenn wir mehr Zeit hätten für das Gebet in Gottes Gegenwart, dann würden wir erleben, wie er für uns Wunder tut. Wir würden erleben, wie so manche zerbrochene Ehe heil wird, wie so manches aus dem Tritt geratene geistliche Werk wieder Fuß fasst und wie so mancher ausgebrannte Christ sich mit neuer Kraft für den Herrn einsetzt. Könnte es nicht sein, dass wir dann sogar Erweckung erleben?!

„Lasst ab und erkennt, dass ich Gott bin" (Psalm 46,11).

# 26

# Qualität statt Quantität

„Man sollte die frisch Bekehrten nicht nur zählen, sondern auch wiegen." Dieser Satz stammt vom Evangelisten D. L. Moody. Auch heute noch sollten wir ihn beachten. Viele evangelistische Missionswerke scheinen davon überzeugt zu sein, dass die beeindruckenden Statistiken ein Spiegelbild geistlicher Realität seien. Doch leider sind sie das nicht.

Glauben Sie bitte nicht, ich hätte etwas gegen Wachstum. Wo sich geistliches Leben regt, da wird es auch Wachstum geben. Wenn Gottes Diener treu die Saat ausbringen, dann wird Gott seine Verheißung einlösen und seinen Teil dazu tun, damit sich Wachstum einstellt.

Ich fürchte jedoch, dass das künstliche Wachstum, das oft in aller Eile „produziert" wird, nicht das Werk des Heiligen Geistes ist. Unsere Methoden sind heutzutage so verfeinert worden, dass es oft nicht mehr möglich ist, hier zu unterscheiden. Ich fürchte mich auch vor den allzu menschlichen Maßstäben, die uns glauben machen, die Strukturen seien gesund, während sie in Wirklichkeit kurz vor dem Zusammenbruch stehen. Wir sind stolz darauf, reich zu sein und nichts zu brauchen, dabei sind wir „Elende und bemitleidenswert und arm und blind und bloß (Offenbarung 3,17). Statt über die Röntgenbilder zu weinen, die uns die Wahrheit zeigen, ergötzen wir uns an sorgfältig retuschierten Bildern, auf denen alles so gesund aussieht.

Natürlich wollen wir die Menschen erreichen! Immer wieder habe ich den Gemeinden, in denen ich diente, gesagt, dass wir durchaus die Massen erreichen wollen, nicht aber um Menschen zählen zu können, sondern weil Menschen etwas zählen. Unsere große Aufgabe ist es, die verlorene Welt mit dem Evangelium zu erreichen, nicht aber eine Elite zu bilden, die sich gegenseitig beweihräuchert. „Frucht ... mehr Frucht ... viel Frucht", das wünscht sich unser Herr. Und dazu brauchen wir Wachstum.

Ich bin davon überzeugt, dass das Erlösungswerk Gottes viel eher durch eine gute Betreuung als durch ständigen zahlenmäßigen Zuwachs gedeiht. Paulus beschreibt dieses Wachstum in Kolosser 2,19: „... von dem aus der ganze Leib, durch die Gelenke und Bänder unterstützt und zusammengefügt, das Wachstum Gottes wächst." Geistliches Wachstum geschieht wie das körperliche Wachstum von innen nach außen. Und jeder Teil trägt auf seine Weise dazu bei.

Allzu oft ist das Wachstum in einer Gemeinde das Nebenprodukt eines Einmannbetriebes. Es wird wenig geistliche Speise angeboten, dafür wird umso mehr die Werbetrommel für die Gemeinde gerührt. Die Mitglieder sind Zuschauer und nicht aktiv am Geschehen beteiligt. Nicht nur, dass sie ihre Gaben niemals gebrauchen und einsetzen, sie wissen oft gar nicht, welche sie besitzen.

Stellen Sie sich vor, der Arzt teilt einer Mutter mit, ihr Kind sei unterernährt. Statt nun die Ursache genau zu ergründen und den Speisezettel zu verändern, geht sie zum Schlachter und kauft mehrere Pfund Fleisch. Dieses Fleisch befestigt sie am Körper des Kindes und stellt es auf die Waage. Und siehe da, das Kind hat kein Untergewicht mehr. Trotzdem geht es ihm schlechter als je zuvor. Die Mutter hat eine Scheinlösung gefunden, die ihr den Blick für die wahren Bedürfnisse des Kindes verstellt. Sie hat ihr Problem durch falsche Zahlen scheinbar gelöst. Aber an die Wurzel des Übels ist sie nicht herangekommen. Wer Ohren hat zu hören, der höre!

Es ist nicht einfach, die Resultate eines geistlichen Dienstes zahlenmäßig zu erfassen. Deshalb brauchen Gottes Diener ein besonderes Gespür dafür, damit sie nicht glauben, mit leeren Händen dazustehen, wo sie doch so manches an Erfolgen vorzuweisen haben (s. Offenbarung 2,9). Paulus schrieb ironisch über Christen seiner Tage, denen Zahlen wichtiger waren als Fakten: „Denn wir wagen nicht, uns gewissen Leuten von denen, die sich selbst empfehlen, beizuzählen oder gleichzustellen; aber da sie sich an sich selbst messen und sich mit sich selbst vergleichen, sind sie unverständig (2. Korinther 10,12). Erst wenn wir vor unserem Herrn stehen und unser Werk vom heiligen Feuer geläutert wird, werden wir beurteilen können, was wir erreicht haben. An jenem Tag werden einige, die glauben, Letzte zu sein, feststellen, dass sie zu den Ersten gehören. Und so mancher, der meint, Erster zu sein, wird sich hinten anstellen müssen.

Ich weiß natürlich auch, dass der Heilige Geist in der Apostelgeschichte die Bekehrten gezählt hat: 3.000 Seelen (Kapitel 2, Vers 41), dann 5.000 (Kapitel 4, Vers 4) und schließlich „Scharen von Männern und auch Frauen“ (Kapitel 5, Vers 14). Aber er erzählt uns auch – und zwar ganz ausführlich – von der Bekehrung eines einzigen Mannes: Saulus von Tarsus. Und vor der Bekehrung der Massen hatte schon die Bekehrung des Simon Petrus stattgefunden, der von seinem Bruder Andreas zu Jesus geführt worden war (s. Johannes 1,40–42). Da stellt sich die Frage, was schwerer wiegt – die große Masse oder Einzelne, die sich ganz hingeben.

Wir müssen den goldenen Mittelweg zwischen den Extremen finden. Spurgeon hat einmal gesagt, dass diejenigen, die Zahlen verabscheuen, meist keine vorzuweisen haben. Das wird sicher öfter zutreffen. Wir müssen uns also davor hüten, Zahlen der beeindruckenden Statistik wegen zu sammeln. Doch unser Motto sollte sicher auch nicht lauten: „Klein, aber geistlich. Am besten ist es, den einzelnen Menschen im Auge zu haben und Gott die Zahlen zu überlassen. Jesus fand immer Zeit für einzelne Menschen. Und diese wiederum halfen ihm, die Massen zu erreichen. Die Frau am Jakobsbrunnen ist hierfür ein ganz typisches Beispiel (s. Johannes 4).

Wenn sich das Wachstum von innen heraus entwickelt, dann wird es zur Ehre Gottes geschehen, und es wird dauerhafte Resultate hervorbringen. Blüht etwas auf, weil die richtige geistliche Speise angeboten wurde, und nicht, weil man ein zahlenmäßiges Wachstum „produziert" hat, dann wird es die Gemeinde Gottes stärken, und es wird zur Ehre seines Namens geschehen. Moody hatte recht mit seiner Aussage: „Man sollte die frisch Bekehrten nicht nur zählen, sondern auch wiegen." Und während wir sie wiegen, sollten wir aufpassen, dass unser Daumen nicht die Waagschale herunterdrückt.

# 27

# Stellung beziehen, aber richtig

Es gab Zeiten, in denen sich evangelikale Christen nirgendwo einmischten. Wenn wichtige Themen diskutiert wurden, hielten sie sich vornehm zurück, beteten und überließen anderen das Schlachtfeld. Sich nicht in die Politik einzumischen und nicht zu sozialen Fragen Stellung zu beziehen, hieß für Christen, die von der Bibel verordnete Absonderung von der Welt zu praktizieren.

Das ist nun vorbei. Heute fühlen sich überzeugte Christen sogar schuldig, wenn sie mit ihrer Einstellung zu den großen Fragen der Moral und zu den sozialen Problemen nicht an die Öffentlichkeit treten. Doch damit sind neue Probleme entstanden. Und wenn wir die nicht lösen, wird unser Engagement mehr Schaden anrichten als unser Schweigen.

Dabei ist besonders problematisch, *dass uns oft wichtige Informationen fehlen.* Wir sind ja meist keine Experten auf den betreffenden Gebieten. Unser Wissen über die Todesstrafe, die sozialen Nöte der Menschen, über Abtreibung und viele andere Themen haben wir doch meistens nur aus zweiter Hand. Unser Wissen ist einseitig, denn die meisten Gläubigen lesen nur Literarur, die ihre Auffassung bestätigt. Das bedeutet aber, dass wir – wenn überhaupt – immer nur die eine Seite der Medaille kennen. Ich bin immer erstaunt, wie viele Christen sich für Experten auch bei sehr komplexen Themen halten, nur weil sie irgendein Traktat oder einen Artikel in der Zeitung gelesen haben.

Damit kommen wir zu einem weiteren Problem: *die Gefahr der Manipulation.* Es gibt immer wieder Autoren und Redner, die es verstehen, das Denken von Millionen von Menschen zu manipulieren. Propaganda nennt man so etwas. Durch Propaganda (Gerüchte, Halbwahrheiten, grobe Verallgemeinerungen) gelingt es cleveren Autoren und Predigern, ihr Publikum davon zu überzeugen, dass sie allein für die gerechte Sache kämpfen. Und es werden dabei sogar Worte der Bibel verdreht, um die eigene Position zu untermauern.

Unser drittes Problem ist, *dass wir bestimmte Themen zum Test für die geistliche Reife anderer machen.* Das Anliegen des Widersachers ist es, Gottes Volk zu spalten. Und er findet genug Munition überall dort, wo die Gläubigen zerstritten sind und sich nicht über meist emotionsbeladene Themen einigen können. In einer Zeit, in der die Gemeinde eigentlich einmütig für ihr Zeugnis eintreten müsste, streiten wir uns leider über Nebensächlichkeiten. Anstatt Zeit und Geld für die Ausbreitung der Frohen Botschaft einzusetzen, investieren wir unsere Zeit in Dinge, die weder die Gläubigen stärken noch die Verlorenen gewinnen.

Es gibt noch ein viertes Problem: *Wie wir uns zu bestimmten Themen äußern, zeigt oftmals unsere mangelnde geistliche Reife.* Ich habe so manchen Brief gläubiger Christen an Personen in öffentlichen Ämtern gelesen und war entsetzt. Es waren natürlich nicht alle Briefe beschämend. Gott sei Dank gibt es genug Christen, die wissen, wie man sich auseinandersetzt, ohne polemisch und ausfallend zu werden. Doch nach der Lektüre mancher Briefe müssen Bedienstete in Behörden und Ämtern ein völlig falsches Bild von uns evangelikalen Christen bekommen.

Damit will ich natürlich nicht sagen, dass die Gemeinden zu allem schweigen und niemals mit Zustimmung oder Protest an die Öffentlichkeit treten sollen. Ich möchte deshalb ein paar

Vorschläge machen, die unserem Zeugnis Nachdruck verleihen können. Wenn Sie an offizieller Stelle Ihre Meinung äußern, sollten Sie folgende Vorschläge berücksichtigen:

*Halten Sie sich an die Fakten.* Glauben Sie also nicht alles, was Sie hören oder lesen. Besonders wenn es um Unterschriftensammlungen geht, sollten Sie vorsichtig sein. Kennen Sie das Spiel „Stille Post"? Ganz schnell werden Aussagen durch die Übermittlung von Person zu Person verdreht. Immer wieder landen in Behörden Protestschreiben gegen bestimmte Gesetzesentwürfe, die von niemandem eingebracht worden sind!

Hüten Sie sich vor Propaganda. Selbst wohlmeinende Christen bedienen sich in ihrem Eifer für die gerechte Sache zuweilen bestimmter Gerüchte oder gezielter Übertreibungen. Lassen Sie niemals zu, dass jemand Sie manipuliert, nur damit Sie seinen „Kreuzzug" unterstützen. Nehmen Sie sich Zeit, zu beten und in aller Ruhe über die Fakten nachzudenken.

*Sagen Sie die Wahrheit in Liebe.* Wenn Sie überzeugt sind, Sie müssten Ihre Meinung öffentlich äußern, dann fassen Sie Ihre Stellungnahme so ab, dass der Empfänger in Zukunft nicht sofort abblockt, sobald ein anderer Christ mit seinem Zeugnis an ihn herantritt. Für viele Sachbearbeiter in Behörden sind evangelikale Christen „Spinner". (Wenn ich an die Briefe denke, die mir hin und wieder unterkommen, könnten sie manchmal recht haben!) Halten Sie sich an die Goldene Regel, und schreiben Sie nur solche Briefe, die Sie selbst in Ihrem Brieflmsten finden möchten.

*Verzetteln Sie sich nicht.* Als Salz der Erde und Licht der Welt muss es uns zuallererst darum gehen, dass unsere Redlichkeit und Rechtschaffenheit auf die Gesellschaft um uns herum abfärbt. Unsere Hauptaufgabe besteht nicht darin, gegen die Bosheit zu protestieren, sondern Christus zu predigen. Jede menschliche Not ist im Kern eine Not des Herzens, und die kann nur durch die Frohe Botschaft überwunden werden. Wer Energie und Zeit für seine persönlichen „Kreuzzüge" aufwendet und dabei den umfassenden Missionsbefehl Jesu aus den Augen verliert, der tut genau das, was dem Feind nützt.

Ich habe manchmal das Gefühl, dass sich die Gemeinde heute wie ein Halbwüchsiger benimmt, der neue Lebensformen und Freiheiten ausprobieren will. Seit vielen Jahren können wir relativ ungestört Christ sein. Doch diese Freiheit werden wir nicht auf Dauer haben, denn der Feind der Wahrheit und Gerechtigkeit wird nicht untätig zuschauen. Deshalb wird es Zeit, dass wir geistlich erwachsen werden und zur Reife gelangen.

Mit unseren Überzeugungen sollten wir durchaus an die Öffentlichkeit treten. Aber es sollten immer wirkliche Überzeugungen sein und keine oberflächlichen Meinungen und Vorurteile. Achten wir vor allem darauf, immer zu wissen, wovon wir reden, damit wir nicht dem Evangelium durch unseren Eifer ohne entsprechende Kenntnisse schaden.

Vielleicht ist Sprüche 18,13 an dieser Stelle genau das treffende Bibelwort für uns: „Wer Antwort gibt, bevor er zuhört, dem ist es Narrheit und Schande."

# 28

# Grabt die bitteren Wurzeln aus

„Kann man eine Sache benennen, die in den Gemeinden die meisten Probleme verursacht?“ Diese Frage stellte mir ein junger Pastor auf einer Konferenz. Meine von einigen Umstehenden mit einem vernehmlichen „Amen!“ bekräftigte Antwort lautete: „Es ist das, wovor uns Hebräer 12,14–15 warnt: die ‚Wurzel der Bitterkeit‘.“

Im Zusammenhang heißt es dort: „Jagt dem Frieden mit allen nach und der Heiligung, ohne die niemand den Herrn schauen wird; und achtet darauf, dass nicht jemand an der Gnade Gottes Mangel leide, dass nicht irgendeine Wurzel der Bitterkeit aufsprosse und euch zur Last werde und durch sie viele verunreinigt werden“ (Hebräer 12,14–15).

Mit dem Bild von der Wurzel bringt uns der Verfasser einige ganz praktische Erkenntnisse über die Bitterkeit im Herzen nahe. So entsteht zum Beispiel eine Wurzel nicht von selbst. Es muss zuvor etwas gesät oder gepflanzt werden. Wie aber wird Bitterkeit in unsere Herzen gepflanzt? In der Regel geschieht es dadurch, dass wir durch die Äußerungen oder Handlungen eines anderen verletzt werden und dadurch Groll gegen diese Person in unserem Herzen Wurzeln schlägt. Das kann in der Gemeinderatssitzung oder im privaten Gespräch geschehen. Der Schuldige weiß vielleicht gar nicht, dass er uns gekränkt hat. Anstatt jedoch die Angelegenheit offen und ehrlich zu bereinigen, vergraben wir sie tief in unserem Herzen und die Wurzel der Bitterkeit beginnt aufzusprießen.

Doch Wurzeln gedeihen nicht, wenn sie keinen nährstoffreichen Boden finden. Wenn Sie und ich offen unsere Verletzungen und Sünden vor dem Herrn ansprächen, würde er uns auch helfen, die Wurzel herauszureißen. Und das wiederum würde uns viel Leid ersparen. Das Problem ist, dass es uns geradezu Vergnügen zu bereiten scheint, unser Ego und die Bitterkeit tief im Herzen zu hegen und zu pflegen. Nach außen geben wir uns zwar fromm und geistlich, aber im Innern sind wir voller Gift.

Versteckte Sünden bleiben meist nicht lange im Verborgenen. Es kommt der Tag, da die Wurzel der Bitterkeit ein Pflänzchen hervorbringt. Und dann sprießen sie hervor, die bitteren Worte und bösen Taten. Nun erkennt jeder, was bislang nur Gott wusste. Gift, das manchmal wochenlang, wenn nicht jahrelang, in unserem Herzen zurückgehalten wurde, bricht plötzlich hervor und vergiftet alles in unserer Umgebung.

Die Schrift lässt keinen Zweifel daran: Eine Wurzel der Bitterkeit stiftet immer Unfrieden und sie verdirbt die Atmosphäre. Der verbitterte Mensch, der sie in seinem Herzen trägt, kann nicht heil werden und auch sein Umfeld wird darunter leiden. Solch eine bittere Wurzel richtet bereits Schaden an, wenn man von ihr selbst noch gar nichts mitbekommt. Ein gläubiger Mensch, der Bitterkeit mit sich herumträgt, wird nicht beten, bezeugen und Gemeinschaft pflegen können, ohne nachhaltig darin behindert zu sein. Weil er selbst beladen und befleckt ist, wird er jeden in seiner Umgebung belasten und beflecken, auch wenn nach außen noch alles sehr geistlich erscheinen mag.

Eine Wurzel der Bitterkeit muss man mit drastischen Mitteln bekämpfen. Sie muss freigelegt und ausgerissen werden. Die Wurzel eines Baumes lässt sich nur noch mit der Axt beseitigen. Es hilft nicht, die kranken Äste abzubrechen oder die toten Blätter abzupflücken. Das Problem ist und bleibt dieWurzel. Wenn Sie schon einmal eine störende Baumwurzel ausgraben mussten, dann wissen Sie, was für eine schwere Arbeit das ist. Diese Art geistlicher Chirurgie ist immer heikel, aber sie ist unumgänglich.

Am besten ist es natürlich, wenn wir es gar nicht erst dazu kommen lassen, dass die Wurzel wächst und gedeiht. Doch das verlangt uns etwas ab. So wie der Gärtner die Wildkräuter aus seinen Beeten verbannt und sie ständig ausreißt, so muss auch der gläubige Christ die Wurzeln der Bitterkeit ausreißen. Dabei sollten wir uns merken: Je kleiner sie sind, desto leichter sind sie auszureißen. Je länger wir warten, desto tiefer wachsen sie und desto bitterer wird das Gift.

Drei Dinge verhindern, dass Wurzeln der Bitterkeit fruchtbaren Boden in unserem Herzen finden, wachsen und gedeihen: Friede, Heiligkeit und Gnade. Wenn wir Frieden mit allen Menschen anstreben, werden wir den Geboten des Herrn in Matthäus 18,15–20 folgen, und wir werden nicht zulassen, dass Kränkungen die Gemeinschaft mit unseren Geschwistern zerstören. Wenn wir nach Heiligkeit streben, wird die Atmosphäre, in der wir leben, verhindern, dass Wurzeln der Bitterkeit gedeihen. Das alles ist ein Werk der Gnade Gottes. Von Natur aus wollen wir unser Gesicht wahren und wir erwarten Genugtuung. Doch die Gnade Gottes verändert alles.

Es ist zersetzend, Zeit und Energie dazu zu verwenden, die Wurzeln der Bitterkeit auch noch zu hegen und zu pflegen, wo wir doch all unsere Kraft dafür einsetzen könnten, die Frucht des Geistes in uns gedeihen zu lassen. Bittere Wurzeln können sich dort nicht entwickeln, wo Liebe, Freude und Friede gedeihen. Die Bitterkeit wird verdrängt! Und die Ernte des Geistes ist so viel ansehnlicher und erfreulicher als die hässliche Wurzel der Bitterkeit.

Die Gnade Gottes versagt niemals, aber wir werden versagen, wenn wir diese Warnung nicht ernst nehmen und versäumen, sie für uns in Anspruch zu nehmen. Es ist sicherlich für einige von uns höchste Zeit, einmal den Boden ihres Herzens nach den versteckten Wurzeln zu durchforsten.

# 29

# Immer nur in einer Welt

Der amerikanische Naturforscher Henry David Thoreau lag im Sterben, als sein Freund Parker Pillsbury ihn besuchte. Es wurde ein für beide Seiten anstrengendes Gespräch, in dessen Verlauf Parker sagte: „Du bist dem dunklen Strom schon sehr nahe gekommen. Und da frage ich mich, ob du schon hinüberblicken kannst ans andere Ufer."

Thoreau erwiderte gelassen: „Eins nach dem anderen. Wir leben doch immer nur in einer Welt!"

Diese Antwort wurde später immer wieder gerne zitiert. Doch wissen diejenigen, die es gebrauchen, auch, wovon sie reden? Thoreau war zwar ein redlicher Mensch, aber niemals ein bekennender Christ. Als ein Freund der Familie sich einmal nach Thoreaus Beziehung zu Jesus Christus erkundigte, antwortete dieser, ein Schneesturm bedeute ihm mehr als Christus.

„Immer nur in einer Welt" – das ist genau die richtige Lebensphilosophie, *wenn man sich für die richtige Welt entscheidet!* Wer nur für diese Welt lebt, wird die zukünftige verlieren. Wer sich aber für die zukünftige Welt entscheidet, der wird auch in der diesseitigen unbeschadet leben können, denn er empfängt den Segen, den Gott auch schon in diese Welt hineinträgt.

Das ist die Botschaft, die Jesus uns in seiner so aufrüttelnden Ansprache vermitteln will, die wir die Bergpredigt nennen. „Trachtet aber zuerst nach dem Reich Gottes und nach seiner Gerechtigkeit", sagte Jesus. „Und dies alles wird euch hinzugefügt werden" (Matthäus 6,33).

Der Christ, der gleichzeitig in zwei Welten leben will, versucht Unmögliches. Im Leben des Christen kann es nicht Profanes und Heiliges nebeneinander geben, denn für ihn kommt alles von Gott und alles soll Gott gehören. Paulus ermahnt uns, nur auf Gott zu setzen, „der uns alles reichlich darreicht zum Genuss (1. Timotheus 6,17). Die Möglichkeiten dieser von Gott erschaffenen Welt schöpft man dann am meisten aus, wenn man sich die zukünftige Welt zum Maßstab macht.

Schließlich sind alle Christen nur Fremde und Pilger in dieser Welt. Alles in ihrem Leben sollte deshalb an der himmlischen Welt ausgerichtet sein. Sie sind ja jetzt schon Bürger des Himmels. Dort ist ihr Zuhause und dort wohnt bereits ihr Erlöser. Wir möchten, dass wir uns Schätze im Himmel sammeln. Und das tun wir, wenn wir schon heute für die zukünftige Welt leben.

Dann nämlich wird unser Leben nicht mehr zerrissen und unstet sein. Wankelmütige Christen leben im Unfrieden mit sich selbst. Sie versuchen, gleichzeitig in zwei Richtungen zu schauen, zwei Herren zu lieben und hier wie dort Lohn zu empfangen. Doch solch ein Leben ist immer selbstzerstörerisch.

Ein Leben aber, das eine einzige Zielrichtung hat, ist voller Dynamik und Kraft. Wenn wir es nach dem Willen und den guten Absichten Gottes gestalten, dann sorgen wir dafür, dass es uns nicht zwischen den Fingern zerrinnt. Hingabe bedeutet Ausrichtung auf ein Ziel und Ausrichtung bedeutet Stärke.

Es gibt noch einen weiteren Vorteil, wenn wir uns nur der einen Welt zugehörig fühlen: *Unser Leben wird unkomplizierter.* Erinnern Sie sich an Ihren letzten Umzug, als Sie all Ihre Habseligkeiten verstauen mussten? Da haben Sie sich wahrscheinlich nicht nur einmal gefragt, wie sich all dieser „Krempel" ansammeln konnte. Die meisten von uns gehen mit viel zu viel Gepäck beladen durchs Leben. Das ist gar nicht Gottes Absicht. Wir aber wundern uns, dass alles so furchtbar kompliziert geworden ist.

Auch wenn ich nicht mit Thoreaus religiösen Überzeugungen übereinstimme, so muss ich doch zugeben, dass er einige gute Gedanken über die Schlichtheit im Leben geäußert hat. Er sprach davon, dass der Wohlstand eines Menschen an der Zahl der Dinge gemessen wird, auf die er gut und gern verzichten kann. Als er von seinem Fenster aus das bunte Treiben der Menschen in seinem Heimatort Concord beobachtet hatte, schrieb er: „Nur die Reisen sind gut, die mir den Wert meines Zuhauses bewusst machen und dafür sorgen, dass ich mich dort noch wohler fühle."

Die Bibel legt uns nahe, ein schlichtes und einfaches Leben zu führen. Jesus warnte uns davor, unseren Wert an den Dingen zu messen, die wir horten (s. Lukas 12,15). Er wurde arm, um uns reich zu machen. Wir aber wollten unbedingt reich sein und sind dadurch arm geworden.

Wir dürfen für unseren Wohlstand dankbar sein, aber wir müssen aufpassen, dass all diese Annehmlichkeiten unsere Diener bleiben und nicht zu Herrschern werden. Es ist angenehm, Dinge zu besitzen, die man durch Geld erwerben kann, solange wir dabei nicht die Dinge verlieren, die unbezahlbar sind. Der Unterschied zwischen Preis und Wert kann gewaltig sein. Und viele Menschen bezahlen zu viel für das, was sie herausbekommen.

Wenn Sie sich immer nur an einer Welt orientieren und diese Welt die zukünftige ist, dann werden Sie ein heileres Leben führen können, das frei ist von vielen Unwägbarkeiten. Ihr Leben bekommt Würde. Es hebt Sie heraus aus der immer nur nach Vergänglichem strebenden Masse. In seiner Bergpredigt machte Jesus seine Zuhörer (und auch uns) darauf aufmerksam, dass kein Geschöpf außer dem Menschen sich um seine Zukunft sorgt. Die Vögel vertrauen dem himmlischen Vater, dass er sie versorgt, und die Lilien wissen, dass er sie herrlich kleidet. Aber der Mensch grämt sich immerzu: „Was sollen wir essen? Was sollen wir trinken? Was sollen wir anziehen?“ (s. Matthäus 6,25–34).

Nach dem Bild Gottes sind wir erschaffen worden, und doch leben wir oft niedriger als die Tiere.

Damit kommen wir zu einem weiteren Vorteil eines Lebens in der von Christus beherrschten Welt: *Es gibt Gott die Ehre und verherrlicht ihn.* „Ob ihr nun esst oder trinkt oder sonst etwas tut, tut alles zur Ehre Gottes!“ (1. Korinther 10,31). Ich glaube kaum, dass es der Ehre Gottes dient, wenn Eltern in der Gemeindearbeit so eingespannt sind, dass ihre Kinder darunter leiden. Genauso dient es nicht der Ehre Gottes, wenn Pastoren so sehr mit Seminaren und auswärtigen Konferenzen beschäftigt sind, dass die Belange und die Entfaltungsmöglichkeiten der eigenen Gemeinde dadurch zu kurz kommen.

Ich erinnere mich noch an eine Zeit, zu der ich glaubte, ein übervoller Kalender mit Terminen hier und dort würde Gott ehren. Schon vor langer Zeit habe ich meine Meinung geändert. Mir ist klar geworden, dass es zwar Menschen gibt (wie Paulus), die Gott dazu berufen hat, an vielen Orten ihren Dienst zu tun und keinen festen Wohnsitz zu haben. Doch die meisten von uns sollen sich auf die eine Aufgabe konzentrieren, die ihnen in ihrer unmittelbaren Umgebung gestellt worden ist, und sich nach Kräften darum bemühen.

Erst vor einigen Jahren habe ich gelernt, Nein zu sagen. Ich bin deswegen zwar missverstanden und kritisiert worden – einer meiner Freunde vermutete gar, dass ich vom Glauben abgefallen sei –, doch ich bin davon überzeugt, dass ich genau das tue, was Gott von mir will. Ich versuche, Matthäus 6,33 zu praktizieren. Das ist aber gar nicht so einfach. Es gibt heutzutage so viele „spannende“ Aufgaben im Reich Gottes. Und am liebsten würde ich überall mit dabei sein. Doch wenn ich mich tatsächlich überall engagieren würde, könnte ich nichts wirklich gut machen. Ich würde körperlich zusammenbrechen und mein Dienst würde darunter leiden.

Viele Glieder der Gemeinde sind der irrigen Meinung, dass die Christen, die im Rampenlicht stehen, den größten Lohn erhalten werden. Das bezweifle ich sehr. Ich glaube eher, dass es gerade die unbekannten, treuen Christen in den Ortsgemeinden und in den Familien sind, die den größten Lohn von unserem Herrn empfangen. Belohnt werden die treuen Pastoren und ihre Mitarbeiter, die in mühevoller Kleinarbeit das aufbauen, was Gott ihnen aufgetragen hat. Ebenso die Mütter und Väter, die mit Hingabe ihre Kinder im Glauben erziehen und sie anleiten, zu Dienern des Herrn zu werden.

Zu einer Gemeinde, in der ich als Pastor diente, gehörte auch eine pensionierte Lehrerin, die die Jüngsten in unserer Sonntagsschule betreute. Sie war eine zierliche kleine Dame, der es gar nicht lag, viel Aufhebens von sich zu machen. Aber sie war eine Kämpfernatur, wenn es darum ging, sich im Gebet einzusetzen! Sie führte eine Namenliste ihrer Schützlinge, und sie betete für jeden, bis er sich bewusst für Christus entschied. Oft kam sie nach dem Taufgottesdienst zu mir und sagte: „Pastor, ich habe für einige dieser Leute, die heute Abend getauft wurden, jahrelang gebetet. Sie waren bei mir in der Sonntagsschule."

Diese gläubige alte Dame lebte immer nur in einer Welt. Und sie hatte sich für die richtige entschieden. Meines Wissens hat sie niemals auf einer Frauenfreizeit gesprochen oder ein Seminar gehalten. Dennoch gehört sie zu den Großen in Gottes Reich. Als ich ihr Pastor war, haben mich die Leute für das, was in der Gemeinde geschah, oft gelobt. Doch der Herr und auch ich wussten, dass der Segen nur deshalb auf uns lag, weil es Menschen wie sie gab, die sich bereits ganz und gar dem kommenden Reich zugehörig fühlten.

Es ist nicht einfach, sich eindeutig für nur eine Welt zu entscheiden. Man muss den Mut aufbringen, eindeutig Christus an die erste Stelle zu setzen, und die Kraft haben, an dieser

Entscheidung vorbehaltlos festzuhalten. Die Gnade des Herrn macht dies möglich. „Durch Gottes Gnade bin ich, was ich bin“, schreibt Paulus. Und wir sollten uns ein Beispiel daran nehmen.

Wenn Sie entschieden in der richtigen Welt leben, werden Sie die Dinge aus Gottes Sicht beurteilen. Sie werden sich fragen: „Was ist dieses oder jenes zukünftig wert – oder gar in der Ewigkeit?“

Es ist höchste Zeit, dass wir unser Leben – zu Hause und in der Gemeinde – durchforsten und alles rauswerfen, was nicht dort hingehört. Wie Martha lassen wir uns von so vielen Nebensächlichkeiten ablenken. „Eins aber ist nötig!“, sagt Jesus. Wie Maria sollten wir „das gute Teil“ wählen, das uns niemand mehr rauben kann.

Es ist an der Zeit, dass wir uns für die eine Welt entscheiden, in der wir leben wollen. Unsere Wahl sollte auf Gottes Welt fallen – auf sein Reich und seine Gerechtigkeit, damit unsere Ziele und Wertvorstellungen entsprechend gelenkt und beeinflusst werden.

Fangen wir an, so zu leben und dabei die Werte, die in der Ewigkeit gelten, nie wieder aus den Augen zu verlieren.

# 30

# Heim zum Vater

Das Gegenteil von Frieden ist Unruhe und Zukunftsangst. Jesus sagt in Johannes 14,1: „Euer Herz werde nicht bestürzt.“ Wir haben die Erfahrung gemacht, dass Gottes Antwort auf die Zukunftsangst der Menschen das Wort Jesu aus Johannes 14,6 ist: „Ich bin der Weg und die Wahrheit und das Leben. Niemand kommt zum Vater als nur durch mich.“ Es ist ein Wort vor allem an die in Ängsten lebenden Sünder, die Jesus Christus als ihren Erlöser nicht kennen.

Wenn Sie nicht an Jesus Christus glauben, dann sollten Sie sich Sorgen machen, vor allem um Ihre Zukunft in Ewigkeit. Sie sollten bestürzt sein über die Tatsache, dass Ihnen all das entgeht, was Gott für Sie bereithält. Auch dass Sie die endgültige Trennung von Gott in der Ewigkeit erleben werden, sollte Sie bedrücken. Wenn Sie also Jesus Christus noch nicht als Ihren persönlichen Erlöser kennen, dann lege ich Ihnen ans Herz, sich das Wort in Johannes 14,6 zu vergegenwärtigen.

Ein Bild für die Aussage dieses Verses finden wir in Lukas 15. Dort erzählt Jesus die Geschichte von einem Vater und seinen zwei Söhnen. In diesem „Gleichnis vom verlorenen Sohn“ verschleuderte der jüngere Bruder alles, was er von seinem Vater zum Lebensunterhalt mitbekommen hatte.

Wenn Sie diese Geschichte lesen, sollten Sie darauf achten, wie die jeweiligen Lebensumstände des jungen Mannes charakterisiert werden: Er war verloren (Vers 24); er war unwissend – in Vers 17 heißt es: „Als er zu sich kam …"; und er war tot – (Vers 24). Das sind die Merkmale aller unerretteten Menschen: Sie sind verloren, unwissend und geistlich tot.

Wir Menschen vergleichen uns gern mit anderen. Deshalb argumentieren auch viele Unerlöste: „Ich bin genau so gut wie die Leute in den Kirchen. Vielleicht bin ich manchmal sogar ein bisschen besser!" Gott aber vergleicht nicht einen Sünder mit dem anderen. Er misst uns an seinem eigenen Maßstab – dem Maßstab seiner Heiligkeit. Nur wenn wir von uns behaupten könnten, wir seien wie Jesus Christus, würde Gott uns ohne Weiteres annehmen.

Hören wir also auf, uns miteinander zu vergleichen, und gestehen wir stattdessen ein, dass jeder, der nicht erlöst ist, jenem jungen Mann aus der Geschichte gleicht. Er war verloren. Was bedeutet das eigentlich? Verloren zu sein heißt, in Gefahr zu sein. Wer verloren ist, hat sich von Gott weit entfernt.

In Lukas 15 finden wir drei Gleichnisse: das Gleichnis vom verlorenen Schaf, das von der verlorenen Drachme und das vom verlorenen Sohn. Das Schaf hatte sich in Gefahr begeben und fand seinen Weg nicht mehr zurück. Die verlorene Drachme hatte keinen Wert mehr, denn eine Münze, die man nicht findet, kann man schließlich nicht ausgeben! Und der verlorene Sohn hatte sich von all dem entfernt, was ihn zu Haus erwartete – Freude, Glück und Gemeinschaft. Wenn Sie Jesus Christus noch nicht in Ihr Leben eingeladen haben, dann sind auch Sie geistlich gesehen verloren. Sie befinden sich in einem fernen Land. Wie weit ist dieses Land entfernt? Es ist nur eine Kehrtwendung von Gott, nur einen Schritt von seinem Willen entfernt.

Der junge Mann ist nicht nur verloren. Er ist auch unwissend. In Lukas 15,17 heißt es: „Als er aber zu sich kam …" Bis zu diesem Zeitpunkt war er geblendet durch die Sünde. Er glaubte, Glück und Zufriedenheit draußen in der Welt zu finden – in einem fernen Land. Doch alles, worauf er sein Leben baute, zerfiel. Seine Lebensumstände wurden unerträglich. Wer ihn so sah, konnte nur denken: „Was für ein dummer Junge. Zu Hause hätte er alles, was er braucht. Er wäre versorgt, hätte Gemeinschaft und bekäme Liebe. Hier aber, in diesem Land, verhungert er, ist einsam und verlassen. Den Schweinen geht es besser als ihm, denn für sie wird gesorgt. Für ihn aber ist niemand da."

Darüber hinaus war der junge Mann sogar tot. Natürlich nicht leiblich. Sonst hätte er sich nicht mehr aufmachen können, um zu seinem Vater zurückzukehren. Er war *geistlich* gestorben. Er hatte sich aus seines Vaters Leben entfernt, sodass ihn dessen Liebe und Segnungen nicht mehr erreichten. Wenn Sie nicht wissen, dass Jesus Ihr Erlöser ist, dann ist das auch Ihr Zustand. Sie führen vielleicht ein moralisch einwandfreies Leben, Sie sind religiös und gelten als netter Mensch in Ihrer Nachbarschaft. Doch wenn Sie noch niemals Christus Ihr Leben anvertraut haben, dann sind Sie verloren, weil Sie sich von Ihrem Vaterhaus entfernt haben. Sie sind unwissend, weil Sie den Vater nicht kennen und nicht ahnen, wie er segnen kann. Und Sie sind tot, weil sich das ewige Leben des Vaters nicht auf Sie überträgt.

Was musste der verlorene Sohn tun, um alldem ein Ende zu bereiten? Er musste eine Entscheidung treffen. Er sagte: „Ich will mich aufmachen." Die Erlösung erfasst die ganze Persönlichkeit – den Verstand, die Gefühlswelt und den Willen. Sein Verstand sagte ihm: „Wie viele Tagelöhner meines Vaters haben Überfluss an Brot" (Vers 17). Sein Gefühl sagte ihm: „... ich aber komme hier um vor Hunger" (Vers 17). Und er entschloss sich: „Ich will mich aufmachen" (Vers 18). Die Erlösung beeinflusst alle drei Wesensmerkmale. Man kann die Wahrheit kennen und die Sehnsucht nach Jesus spüren. Aber solange Sie nicht den Entschluss fassen: „Ich will mich aufmachen und zu meinem Vater gehen", kann Gott Sie nicht retten.

Es gibt zwei Aspekte der Erlösung – einen menschlichen und einen göttlichen. Die Erlösung ist ganz und gar ein Gnadenakt Gottes, aber sie wird niemandem aufgezwungen. Das verlorene Schaf fand seinen Heimweg nicht allein. Und der verlorene Groschen rollte nicht von allein aus seinem Versteck. Die Frau hat ihn gesucht. Die Erlösung beginnt mit der Liebe Gottes für den verlorenen Sünder. In diesem dritten Gleichnis aber hat sich der Vater nicht auf die Suche nach seinem Sohn gemacht. Er wartete darauf, dass dieser sagt: „Ich will." Es gibt also zwei Seiten der Erlösung. Gottes Anteil: Er sucht den verlorenen Sünder. In Lukas 19,10 lesen wir: „...der Sohn des Menschen ist gekommen, zu suchen und zu retten, was verloren ist." Das ist Gottes Gnadenwerk. Doch darauf muss die persönliche Antwort folgen: „Ich will mich aufmachen!"

Wir werden dieses Geheimnis nie ganz verstehen und ergründen. Aber wir wissen, dass es die Wahrheit ist. Jesus appeliert an unseren Willen, wenn er sagt: „Komm!" Der junge Mann antwortete: „Ich will mich aufmachen und zu meinem Vater gehen." Der Vers im Neuen Testament, der von diesem einen Weg zum Vater spricht, steht in Johannes 14,6. Vergleichen wir diesen Vers mit Lukas 15. Der junge Mann war verloren und Jesus sagt: „Ich bin der Weg." Der Sohn war unwissend und Jesus sagt: „Ich bin die Wahrheit." Der junge Mann war tot und Jesus sagt: „Ich bin das Leben."

Wie kommt man zum Vater? Durch Jesus Christus! Vielleicht sagen Sie jetzt: „Es stimmt, ich bin verloren, ich bin auf Wanderschaft, ich bin in einem fernen Land. Ich finde keine Zufriedenheit mehr und ich habe den Boden unter den Füßen verloren. Ich bin bereit, mich auf den Weg zu machen." Glauben Sie, dass Jesus Christus dieser Weg zum Vater ist? Ja, er ist der *einzige* Weg!

Vielleicht sagen Sie: „Ich war unwissend. Ich glaubte, in Sünde leben zu können. Ich dachte, ich könnte in die Welt entfliehen und das Leben in vollen Zügen genießen. Doch mir ist klar geworden, dass Sünde niemals wahre Befriedigung schenkt. Ich war dumm!" Darauf wird Jesus antworten: „Ich bin die Wahrheit." Und er wird Sie zum Vater bringen!

Wenn Sie sagen: „Ja, ich war tot in meinen Sünden. Ich bin verloren, ich bin unwissend", dann wird Jesus antworten: „Ich bin das Leben." Und er wird Sie zum Vater bringen!

Dafür, dass Jesus Christus für uns der Weg, die Wahrheit und das Leben sein konnte, musste er leiden und am Kreuz sterben. Es fällt auf, dass Jesus im Johannesevangelium dreimal davon spricht, dass er erhöht werden würde. Damit meinte er offensichtlich nicht die geistliche Erhöhung. „Erhöht" bedeutet, dass er gekreuzigt werden würde. In Johannes 12,32 sagt Jesus: „Und ich, wenn ich von der Erde erhöht (gekreuzigt) bin, werde alle zu mir ziehen." Nicht alle ohne Ausnahme, sondern alle ohne Unterschied – Juden und Heiden, Reiche und Arme, Weise und Schwache. Er musste erhöht werden, um Menschen zu Gott ziehen zu können. Er ist der Weg. Er musste sterben, um diesen Weg zur Wahrheit und zum Leben für uns zu eröffnen. „Da sprach Jesus zu ihnen: Wenn ihr den Sohn des Menschen erhöht haben werdet, dann werdet ihr erkennen, dass ich es bin" (Johannes 8,28). Er wurde erhöht, um den Menschen den einen Weg zu weisen und ihnen die Wahrheit zu offenbaren. „Und wie Mose in der Wüste die Schlange erhöhte, so muss der Sohn des Menschen erhöht werden, damit jeder, der an ihn glaubt, ewiges Leben habe" (Johannes 3,14–15). Er wurde erhöht, damit die Menschen den Weg finden, die Wahrheit erfahren und das Leben empfangen können.

Machen Ihnen Ihre Sünden zu schaffen? Ich hoffe es für Sie! Ebenso, dass Sie begreifen, wie töricht es ist, in Sünden leben zu wollen. Wenn Sie wegen Ihrer Gottesferne bekümmert sind und sich ernsthaft darum sorgen, wie es sein wird, wenn Sie Gott eines Tages gegenüberstehen, dann sollten Sie sich die Worte aus Johannes 14,6 zu Herzen nehmen. Wenn Sie wirklich zum Vater kommen wollen, dann öffnen Sie Ihr Herz für Jesus

Christus, denn er ist der Einzige, der Sie retten und zum Vater bringen kann.

Jesus Christus ist der Weg, die Wahrheit und das Leben. Er ist Gottes einziger und vollkommener Rettungsanker für alle, die in Nöten sind – Völker, Gemeinden und einzelne Menschen.

„Euer Herz werde nicht bestürzt", sagt Jesus Christus (Johannes 14,1).

Warren W. Wiersbe

# Ich bin

## Zentrale Worte Jesu neu entdeckt

Geb., 160 Seiten

Dieses Buch untersucht die Ich-Bin-Worte Jesu. Je mehr wir sie verstehen und sie auf unser Leben anwenden, desto abhängiger werden wir von Jesus und leben zu seiner Ehre. Christen sind schon hier und jetzt zu einem Leben für Gott befreit und können ihn immer besser kennenlernen.

Best.-Nr. 271.025
ISBN 978-3-86353-025-9